DIREITO DAS LOTERIAS NO BRASIL
Conceitos e Aspectos Jurídicos

ROBERTO BRASIL FERNANDES

DIREITO DAS LOTERIAS NO BRASIL
Conceitos e Aspectos Jurídicos

- Loteria
- Aposta
- Sorteio
- Prêmio
- Doutrina especializada
- Legislação especial
- Jurisprudência dos tribunais superiores

Belo Horizonte

2020

© 2020 da 1ª edição *by* Editora Fórum

Revisão e formatação: BIP DH Desenvolvimento Humano Ltda.
Revisão jurídica e coaching editorial: Lili Vieira
Capa: Leonardo Sathler

Dados Internacionais de Catalogação na Publicação (CIP) de acordo com a AACR2

F363d   Fernandes, Roberto Brasil

           Direito das loterias no Brasil: conceitos e aspectos jurídicos / Roberto Brasil Fernandes.– Belo Horizonte : Fórum, 2020.

           118 p.; 14,5cm x 21,5cm

           ISBN: 978-85-450-0715-9

           1. Direito Administrativo. 2. Loterias. 3. Direito Constitucional. I. Título.

                                                    CDD 341.3
                                                    CDU 342.9

Elaborado por Daniela Lopes Duarte - CRB-6/3500

Informação bibliográfica deste livro, conforme a NBR 6023:2018 da Associação Brasileira de Normas Técnicas (ABNT):

FERNANDES, Roberto Brasil. *Direito das loterias no Brasil*: conceitos e aspectos jurídicos. Belo Horizonte: Fórum, 2020. 118 p. ISBN 978-85-450-0715-9.

    Proibida a reprodução desta obra, total ou parcial, por quaisquer processos xerográficos, inclusive eletrônicos, sem autorização expressa do editor e do autor.

À minha esposa, Doutora Marisa Zanoni Fernandes, pela participação crítica na minha vida profissional e afetuoso amor que me acompanha todos os dias.

Aos meus filhos, o advogado especialista em Direito do Trabalho e gestor da nossa banca de advogados, Daniel Roberto Zanoni Fernandes, Nathalia Zanoni Fernandes e Iara Bruna Vargas Fernandes Sirtoli, colunas fortes e presentes.

AGRADECIMENTOS

Homenagem especial ao advogado João Carlos Dalmagro Junior, cuja competência e participação lapidou esta obra jurídica.

Agradecimento ao Doutor Sear Jasu Macena Veras, pelos ensinamentos sobre o processo legislativo no Congresso Nacional; advogado, homem republicano, ético e incansável, cuja orientação conduziu com muita serenidade e assertividade às soluções para as mais complexas questões jurídico-administrativas.

Aos diretores e funcionários das Loterias de Minas Gerais, Piauí, Ceará, Paraíba e do Rio de Janeiro, pela consciência política e resistência na preservação das respectivas instituições.

Ao jurista e escritor Péricles Prade, que empresta seu tempo para ouvir esse mortal advogado sobre as causas que abraça, cujas contribuições sempre moldam a pedra bruta que sou, com sua sapiência e perfeição.

Sumário

Prefácio 11
Apresentação 13
Capítulo 1 - LOTERIA - NOÇÕES ELEMENTARES 17
1.1 Conceito 17
1.2 Loteria não é produto 18
1.3 Confusão conceitual histórica 18
1.3.1 Sorteio – conceito e distinções necessárias 21
1.3.2 Criação da Loteria no Brasil 23
1.3.2.1 Loteria federal 25
1.3.2.2 Loterias estaduais 26
1.3.3 Aposta – conceito e tipos 30
1.3.4 Concurso de prognóstico – conceito 32
1.3.5 Prêmio – conceito 32
Capítulo 2 - LOTERIA ESTADUAL 35
2.1 Previsão constitucional 35
2.2 Previsão infraconstitucional 35
2.3 Constitucionalidade das normas estaduais e limites de exploração 38
Capítulo 3 - A QUESTÃO DO MONOPÓLIO DA UNIÃO SOBRE OS SORTEIOS 45
3.1 Inexistência do monopólio da União 47
3.2 Autonomia dos Estados 53
Capítulo 4 - LOTERIAS ESTADUAIS E A SÚMULA VINCULANTE 2 DO STF 57
4.1 Efeitos da declaração de inconstitucionalidade ... 60
Capítulo 5 - CONCURSOS DE PROGNÓSTICOS LEGALIZADOS PELA UNIÃO 63
5.1 Modalidades 64

5.2 Produtos explorados pela União 65
5.3 Dos sorteios beneficentes 66
5.4 Inovações tecnológicas da Loteria da União 68
Capítulo 6 - LOTERIA *ON LINE* NO BRASIL 75
Capítulo 7 - LOTERIA COMO SERVIÇO PÚBLICO 83
7.1 Interesse público 83
7.2 Loteria é serviço público 84
Capítulo 8 - COMPETÊNCIAS DA UNIÃO QUANTO ÀS LOTERIAS ESTADUAIS 87
8.1 A exigência de ratificação da norma estadual 87
8.2 Competências da União 88
8.3 Regularidade da exploração do serviço de loteria 93
8.4 Síntese conclusiva 94
REFERÊNCIAS 97
ÍNDICE REMISSIVO ALFABÉTICO 105

Prefácio

Há muitos livros escritos no Brasil. Vários são apenas repetições de acórdãos de tribunais superiores, sem permitir ao leitor maiores reflexões. O autor, neste livro, vai muito além. Compara os fatos históricos da legislação referente às loterias com as decisões judiciais, a fim de aferir a densidade jurídica da jurisprudência e mostrar um caminho de segurança jurídica ao gestor público estadual que pretende explorar os serviços públicos lotéricos.

Consegue analisar criticamente a jurisprudência sobre loterias, à vista de seu histórico e da legislação vigente. Não se curva cegamente às decisões do Supremo Tribunal Federal - STF, mas pondera em detalhe e se antagoniza ao que entende equivocado.

Constrói um entendimento coeso de que o termo loteria se refere a uma instituição pública que administra a exploração de concursos de prognósticos ou modalidades lotéricas, conforme previsão legal, constituindo um serviço público não sujeito ao regime de monopólio da União e dá um norte seguro ao gestor.

Livro escrito para facilitar e estimular a leitura: claro, fundamentado e objetivo. O que há de mais moderno na escrita jurídica atual.

Congratulações ao autor.

Jaques F. Reolon
Advogado, palestrante, mestre e doutorando em direito e autor de livros jurídicos.

Apresentação

A Loteria da União, as Loterias estaduais e distrital no Brasil, independentes e autônomas, asseguram importantes recursos para financiar as demandas sociais, notadamente a segurança pública, saúde, educação, cultura, esporte e principalmente a seguridade social.

A Constituição da República Federativa do Brasil (CF)[1], de 1988, previu a exploração de concursos de prognósticos, também, pelos estados como uma fonte complementar de financiamento da seguridade social.

A escassa doutrina sobre a matéria contribui para entendimentos divergentes e decisões judiciais e administrativas conflitantes, quando se trata de temas constitucionais complexos relacionados às Loterias, a exemplo da distribuição de competências entre os entes federados.

Equívocos conceituais na legislação e na doutrina que a interpreta, conduziram o Supremo Tribunal Federal (STF) a atribuir à União a competência exclusiva para legislar sobre o tema. A Corte incluiu, no verbete da Súmula Vinculante 2, a expressão "SORTEIOS", como se o verbo[2] fosse um substantivo a designar as diversas modalidades de jogos/concursos de prognósticos.

---

[1] BRASIL. [Constituição (1988)]. **Constituição da República Federativa do Brasil de 1988.** Brasília, DF: Presidência da República [Atualizada até a EC nº 102/2019] Disponível em: https://www.planalto.gov.br/ccivil_03/constituicao/constituicao.htm. Acesso em: 25 out. 2019.

[2] Nos referimos à palavra "sorteio". BRASIL. Supremo Tribunal Federal. Súmula 2. É inconstitucional a lei ou ato normativo Estadual ou Distrital que disponha sobre sistemas de consórcios e sorteios, inclusive bingos e loterias. Disponível em: http://www.stf.jus.br/portal/jurisprudencia/ menu Sumario.asp?sumula=1188. Acesso em: 4 jun. 2019.

Devido à insegurança jurídica reinante no Brasil, em razão dessas circunstâncias e da própria escassez de literatura específica e pormenorizada sobre o tema Loterias, pareceu-me de fundamental importância, aprofundá-lo. Daí a ideia – e a construção – desta obra, com a humilde intenção de situar aquele que se interessa pela matéria, no emaranhado legislativo que tem balizado as decisões judiciais correspondentes.

Assim é que este livro trata de conceitos que julgo fundamentais à compreensão do assunto abordado, pautado que está em algumas premissas:

1) Loteria não é jogo;

2) a exploração de concursos de prognósticos não é monopólio da União;

3) a receita auferida pelas loterias é fonte de financiamento da seguridade social.

Trata-se de uma contribuição jurídica que tem como inspiração, também, a militância do autor na advocacia, no seio da qual pôde vivenciar a miríade de interpretações dissonantes e a falta de um parâmetro seguro para interpretar e manejar as disposições legislativas correlatas – em sua maioria, é bem verdade, ultrapassadas e fruto de um estado de exceção[3].

Os conceitos adotados nesta obra, inclusive aqueles cunhados pelo autor, estão sempre relacionados com aspectos jurídicos ou fenômenos econômico-sociais que digam respeito às loterias. Em razão da evolução da sociedade e, no seu fôlego, da legislação que busca abarcar o dinamismo de seus componentes dos mais variados matizes, o autor pretende, de tempos em tempos, atualizar a obra, trazendo a lume a evolução

---

[3] Referente à repercussão do BRASIL. **Ato Institucional nº 4 de 7 de dezembro de 1966**. Convoca o Congresso Nacional para se reunir extraordináriamente, de 12 de dezembro de 1966 a 24 de janeiro de 1967, para discursão [sic], votação e promulgação do projeto de Constituição apresentado pelo Presidente da República, e dá outras providências. [Sic] Disponível em: http://www.planalto.gov.br /ccivil_03/AIT/ait-04-66.htm. Acesso em: 4 jun. 2019, que acobertou o BRASIL. **Decreto-Lei nº 204 de 27 de fevereiro de 1967**. Dispõe sobre a exploração de loterias e dá outras providências. [sic]. Disponível em: http://www.planalto.gov.br/ccivil_ 03/decreto-lei/1965-1988/del0204.htm. Acesso em: 4 jun. 2019.

legislativa e os desdobramentos jurisprudenciais. É o mínimo que se pode fazer para estimular a evolução dos institutos e o seu debate no ambiente acadêmico e no núcleo da sociedade civil.

Boa leitura.

O autor

Capítulo 1

LOTERIA - NOÇÕES ELEMENTARES

Não se pode avançar no tema desta obra sem que se compreenda o conceito de Loteria, enquanto instituição pública, à luz do que estabelecem, respectivamente, os artigos 22, inc. XX, e 195, inc. III, da Constituição Federal[4] de 1988.

1.1 Conceito

Não obstante ter o legislador emprestado à palavra **loteria** o conceito de jogo[5], a análise etimológica evidencia que a palavra loteria é formada pelo radical lot/loto e o sufixo eria[6], em que loto (ou o substantivo *lott* do italiano, ou *hlot* do inglês arcaico[7]) é uma modalidade ou tipo de jogo, ao passo em que o termo *eria* (do latim) é o sufixo que designa, neste caso, o lugar. Portanto, loteria não é jogo e tampouco concurso de prognóstico.

---

[4] BRASIL. [Constituição (1988)]. **Constituição da República Federativa do Brasil de 1988.** Brasília, DF: Presidência da República [Atualizada até a EC nº 102/2019] Disponível em: https://www.planalto. gov.br/ccivil_03/constituicao/constituicao.htm. Acesso em: 25 out. 2019.

[5] Art. 40, parágrafo único, do BRASIL. **Decreto-Lei nº 6.259 de 10 de fevereiro de 1944.** Dispõe sôbre o serviço de loterias, e dá outras providências. [sic] Disponível em: http://www.planalto.gov.br /ccivil_03/decreto-lei/1937-1946/Del6259.htm. Acesso em: 4 jun. 2019, entre outros dispositivos na legislação pátria.

[6] Sobre o sufixo – *eria*, ver: CONDÉ, Valeria Gil. **A Produtividade do Sufixo – Eria na Língua Portuguesa do Brasil.** Tese de Doutorado em Letras (Letras Clássicas). Universidade de São Paulo, Brasil (2003).

[7] HORN, Paulo. Jogos de azar **[origem da palavra]** Rio de Janeiro, 25 jul. 2017. Disponível em: https://origemdapalavra. com.br/palavras/loteria/. Acesso em: 4 jun. 2019.

Um exemplo ajudará a esclarecer essa premissa: uma outra palavra composta por um radical e o mesmo sufixo, como a palavra "livr-aria", designa o estabelecimento privado que administra a venda de livros. Desta forma, o cidadão comum não vai àquele lugar comprar a livraria em si. Ele até lá se dirige a fim de comprar o livro que está à venda na livraria, raciocínio que, da mesma forma, leva à conclusão de que Loteria designa o lugar do "jogo" ou, ou lugar das apostas em "concursos e sorteios", para o qual as pessoas vão fazer uma tentativa de acertar o resultado e obter um prêmio.

Nessa toada, Loteria, para os fins deste livro e da abordagem nele contida, é o termo que deve ser adotado para designar o órgão público, do Distrito Federal, dos estados ou da União, que regulamenta e explora (direta ou indiretamente), diversas modalidades lotéricas.

1.2 Loteria não é produto

A Constituição Federal, com a mesma lógica – de não confundir local com atividade – trata de temas como a energia elétrica e a água, referindo-se ao produto (energia elétrica e água), mas sem confundi-los com o órgão regulador, no caso, a Agência Nacional de Energia Elétrica (ANEEL) e Agência Nacional de Águas (ANA).[8]

Da mesma forma, Loteria não é produto, mas a instituição, com atribuições de verdadeira Agência Reguladora, limitadas em seus respectivos territórios, federal, estaduais e distrital.

1.3 Confusão conceitual histórica

Sucede que, em algum momento perdido no turbilhão da história, atribuiu-se à palavra "loteria" a denominação genérica e indistinta de "jogo explorado pelo Poder Público", o que nada mais é do que uma infeliz figura de linguagem. Neste caso, a marca (da "instituição Loteria") assume a proporção de

---

[8] Art. 22, inc. IV da BRASIL. [Constituição (1988)]. **Constituição da República Federativa do Brasil de 1988.** Brasília, DF: Presidência da República [Atualizada até a EC no 102/2019] Disponível em: https://www.planalto.gov.br/ccivil_03/constituicao/constituicao.htm. Acesso em: 25 out. 2019.

sinônimo do próprio produto, de tal forma que o legislador a adotou indiscriminadamente para designar, "jogo de azar", assim descrito no § 2º do art. 51 da Lei de Contravenções Penais[9]. Redação que, também, se encontra no Decreto-lei nº 6.259 de 1944:

> Art. 40. [...]
> Parágrafo único. Seja qual for sua denominação e processo de sorteio adotado, considera-se loteria tôda operação, jôgo ou aposta para a obtenção de um prêmio em dinheiro ou em bens de outra natureza, mediante colocação de bilhetes, listas, cupões, vales, papéis, manuscritos, sinais, símbolos, ou qualquer outro meio de distribuição dos números e designação dos jogadores ou apostadores.[10]

Como se verá, com maiores pormenores adiante, o texto adotado pelo legislador se ressente de boa técnica legislativa, porque confunde conceitos absolutamente distintos.

Tomemos apenas, v.g., o excerto de que "[...] considera-se loteria tôda operação, jôgo ou aposta [...]". Salta aos olhos, nesse trecho, a confusão operada pelo legislador da década de 1940. A "aposta" é simplesmente um dos atos necessários para participar do concurso de prognóstico, o "jogo", de tal forma que jamais poderiam ter sido confundidos em tal contexto, embora os termos se complementem.

No entanto, a interpretação do Supremo Tribunal Federal se distanciou de uma intelecção mais correta e apropriada, expressada na divergência instaurada por força do voto do ministro Marco Aurélio de Mello, durante os julgamentos das Ações Diretas de Inconstitucionalidade

---

[9] BRASIL. **Decreto-Lei nº 3.688 de 3 de outubro de 1941.** Lei das Contravenções Penais. Disponível em: http://www.planalto.gov.br/ ccivil_ 03/decreto-lei/del3688.htm. Acesso em: 14 jun. 2019.
[10] BRASIL. **Decreto-Lei nº 6.259 de 10 de fevereiro de 1944.** Dispõe sôbre o serviço de loterias, e dá outras providências. Disponível em: http://www. planalto.gov.br/ccivil_03/decreto-lei/1937-1946/Del6259.htm. Acesso em: 4 jun. 2019. [Sic].

(ADIN)[11] que deflagraram a edição da Súmula Vinculante 2.[12] Na oportunidade, foi atribuído à palavra sorteio, contida no artigo 22, inciso XX, da Constituição Federal[13], o *status* de "gênero", do qual todas as modalidades seriam meras espécies. Essa hermenêutica, a toda vista equivocada e fomentadora de um verdadeiro monopólio do ente estatal federal, fez com que se concluísse, também, que só à União caberia legislar sobre "sorteios", inclusive sobre "Loterias".

Apesar da nulidade do processo administrativo[14] que deu origem à referida Súmula Vinculante 2 - porquanto deflagrado com fundamento na Lei nº 11.417/2006[15], mas com eficácia retroativa ao período inicial anterior à data de entrada em vigor da referida norma -, a palavra "sorteio", utilizada equivocadamente pelo verbete da Súmula Vinculante, nada mais é que uma dinâmica que serve para obter um resultado aleatório, a partir da escolha de símbolos numéricos ou outros. É uma flexão do verbo "sortear," sinônimo de "rifa" ou "extração", de modo que "sorteio" - tal qual equivocadamente

---

[11] BRASIL. Supremo Tribunal Federal. ADI nºs 3.895, 3.277, 3.147, 3060, 2.847, 2.690 e outras sobre a mesma temática. Disponíveis em: http://www.stf.jus.br/portal/jurisprudencia/listarJurisprudencia.asp?s1=%28LOTERIA+E+CF-1988%29&base=baseAcordaos&url=http://tinyurl.com/y23kuvro. Acesso em: 4 jun. 2019.
[12] BRASIL. Supremo Tribunal Federal. **Súmula nº 2**. É inconstitucional a lei ou ato normativo Estadual ou Distrital que disponha sobre sistemas de consórcios e sorteios, inclusive bingos e loterias. Disponível em: http://www.stf.jus.br/portal/jurisprudência/menuSumario.asp?sumula=1188. Acesso em: 4 jun. 2019.
[13] BRASIL. [Constituição (1988)]. **Constituição da República Federativa do Brasil de 1988**. Brasília, DF: Presidência da República [Atualizada até a EC no 102/2019] Disponível em: https://www.planalto. gov.br/ccivil_03/constituicao/constituicao.htm. Acesso em: 25 out. 2019.
[14] Ação Declaratória de Nulidade da Súmula Vinculante nº 2/STF, proposta pela Associação Brasileira de Loterias Estaduais (ABLE) no ano de 2007, cujo advogado signatário é o autor desta obra.
[15] BRASIL. **Lei nº 11.417 de 19 de dezembro de 2006**. Regulamenta o art. 103-A da Constituição Federal e altera a Lei nº 9.784, de 29 de janeiro de 1999, disciplinando a edição, a revisão e o cancelamento de enunciado de súmula vinculante pelo Supremo Tribunal Federal, e dá outras providências. Disponível em: http://www.planalto. gov.br/ccivil_03/_ato2004-2006/2006/lei/l11417.htm. Acesso em: 14 jun. 2019.

interpretado pelo STF -, tem natureza de substantivo próprio, designativo do gênero de todos os jogos de azar.

1.3.1 Sorteio – conceito e distinções necessárias

Do vocabulário jurídico de De Plácido e Silva, "[...] 'sorteio' é o processo que se determina, pela sorte, o objeto ou a prestação de um contrato aleatório, como jogo ou a loteria [...]"[16]. Disso decorre que loteria é espécie do gênero sorteios, conceito que merece ser parcialmente refutado porque Loteria, como vimos, não é espécie de sorteio; o sorteio é uma dinâmica, ou melhor, uma etapa do processo necessário para a obtenção de um resultado adotado por determinado jogo/*gambling*[17], explorado, ou não, por uma Loteria.

A interpretação que soa mais acertada, todavia, é a de que sorteio nada mais é do que um verbo que designa uma ação para obter um resultado aleatório, de tal forma que o ato de sortear pode utilizar-se de diversas dinâmicas e ferramentas, como por exemplo:

    a) um ou mais dados (cubo de seis faces gravadas com números), lançado fisicamente em um tabuleiro ou outra superfície, para obtenção de um resultado aleatório;

---

[16] SILVA, De Plácido. **Vocabulário Jurídico**. 16. ed. Rio de Janeiro: Forense, 1999.

[17] Explicação necessária: no Brasil, a palavra "jogo" denomina tanto uma partida de futebol, como o exercício de apostar no resultado daquela mesma partida; por tal motivo, adotamos o termo "*gambling*" e "*gaming*", onde o primeiro faz referência a jogos com apostas, concursos e assemelhados, também conhecido no Brasil, simplesmente como "jogo de azar", enquanto o termo "*gaming*", refere-se apenas ao jogo em si, como no exemplo da partida de futebol ou os jogos eletrônicos, e-*gaming*. Neste sentido, "o jogo *online* com apostas em dinheiro - que se define como *gambling*, se subdivide essencialmente, em apostas desportivas, póquer e cassinos virtuais, conf. HUBERT, P. **O problema do jogo**: o tratamento da dependência invisível dos videojogos à mesa de cassino. Lisboa: Plátano Editora, 2016.

b) uma esfera (bolinha) lançada na roleta[18], para obtenção de um resultado aleatório;

c) a extração de uma ou mais esferas (bolas), representativas de um número ou símbolo, dentre tantas que se encontram num globo, cubo ou outro ambiente restrito, para obtenção de um resultado aleatório[19];

d) a retirada de uma carta ou a combinação de várias delas, de acordo com as regras pré-estabelecidas, entre muitas outras do montante, designado neste caso, de baralho, para obtenção de um resultado[20].

e) o sistema randômico, eletrônico, que utiliza de um *software* preparado para essa finalidade, acionado por um toque que provoca um resultado simples ou complexo, demonstrado por números ou figuras individuais ou coletivas, verticais, horizontais ou combinadas.

Por seu turno, a interpretação do Supremo Tribunal Federal quanto à expressão sorteio, contida no artigo 22, inciso XX, da Constituição Federal, e no enunciado da Súmula Vinculante 2, muito embora equivocada, deve restringir-se ao que se convencionou chamar de "jogos de azar". Se assim não fosse, até mesmo a norma que trata do sorteio de seus ministros para atuar em determinada causa (distribuição de processos entre os julgadores e seus respectivos órgãos), poderia, em tese, guardar algum vício de inconstitucionalidade.

---

[18] Roleta: peça circular, com diversos números ou símbolos, separados de tal forma que após diversos giros, recepta a esfera lançada, chegando-se a um resultado entre tantos.
[19] Exemplo clássico da modalidade de jogo conhecido como *"bingo"*.
[20] Neste caso, não concluímos a frase com a palavra aleatório porque há jogos, como o pôquer, que se utiliza de cartas, cuja combinação e regras permitem ao jogador, com conhecimento das variáveis e habilidade mental, interferir significativamente no resultado final da partida. Por isso a doutrina trata o pôquer como *jogo da mente*, *jogo de habilidade*, distinguindo-o de *jogo de azar*.

Acontece que o Regimento Interno do Supremo Tribunal Federal (RISTF)[21], ao tratar da distribuição dos processos, previu, em seu artigo 66, que ela será feita por **sorteio** ou prevenção, mediante sistema informatizado, acionado automaticamente, em cada classe de processo. O sistema informatizado de distribuição é automático, aleatório e público e seus dados são acessíveis aos interessados.

No entanto, para dar praticidade a esta obra, sem embargo de ressalvas pessoais, adotarei a palavra sorteio, em alguns parágrafos, para referir-me ao gênero do qual as modalidades de "jogos de azar" são espécies, no mercado brasileiro.

A doutrina pátria distingue os produtos ofertados pelas Loterias dos conceituados como jogos de azar. O próprio termo jogo de azar pressupõe uma contenda entre duas ou mais pessoas e o objetivo de lucro na atividade, ao passo em que, na loteria, uma das partes é o apostador e a outro é o Estado, não se verificando a bilateralidade necessária para tipificar a conduta como contravencional, bem como não há objetivo de lucro privado. Daí o acerto da expressão no sentido de que, além do exposto no parágrafo anterior, Loteria não é jogo de azar/*gambling* e nem concurso de prognóstico.

1.3.2 Criação da Loteria no Brasil

A partir desse acertado conceito, salutar rememorar que as Loterias criadas por Lei e administradas pelo Poder Público existem no Brasil desde, pelo menos, o ano de 1784. Naquele ano foi instituída no Município de Vila Rica, Estado de Minas Gerais, a Loteria que disponibilizou uma espécie de aposta, em uma modalidade de sorteio, para angariar recursos com a finalidade de construir o prédio da Câmara e da Cadeia Pública[22].

---

[21] SUPREMO TRIBUNAL FEDERAL. **Regimento interno** [atualizado até out. 2018]. Disponível em: http://www.stf.jus.br/arquivo/cms/legislação RegimentoInterno/anexo/RISTF.pdf. Acesso em: 14 jun. 2019.
[22] BNL. Notícia. 14 de set. 2012. Disponível em: http://www.bnldata.com.br/blogPost.aspx?cod=19251. Acesso em: 25 jun. 2019.

A Loteria Estadual mais antiga do Brasil pode ser considerada a do Estado[23] do Rio Grande do Sul, instituída por Lei no ano de 1843, para gerar recursos e financiar o hospital do exército. Abaixo, imagem[24] do decreto que a criou:

---

[23] **Comentário necessário**: muito embora, naquela ocasião, o Rio Grande do Sul fosse, em tese, uma República (não reconhecida), e não um Estado Federado.

[24] DESDE Brizola, pagamento do funcionalismo preocupava governo gaúcho. **Almanaque gauchazh**. 16 jan. 2019. Disponível em https://gauchazh.clicrbs.com.br/cultura-e-lazer/almanaque/noticia/2019/01/desde-brizola-pagamento-do-funcionalismo-preocupava-governo-gaucho-cjqzqnncx014s01pkvwnmfktp.html. Acesso em: 4 jun. 2019.

1.3.2.1 Loteria federal

A União teria criado, somente no ano seguinte, a Loteria Federal e então regulamentado as Loterias estaduais (na época, respectivamente, denominadas Loteria da Corte e Loterias das Províncias). Ao ser sancionado pelo Imperador D. Pedro II, o Decreto n° 357, de 27 de abril de 1844, regulamentou a extração a ser feita pela Corte e pelas províncias e criou a figura do concessionário da Loteria:

> Decreto n° 357, de 27 de abril de 1844
> Regulando a extracção das Loterias em todo o Imperio. Attendendo aos inconvenientes, e queixas, que se tem manifestado contra a maneira, por que em alguns pontos do Imperio se extrahem as Loterias concedidas pelas Leis Geraes, e Provinciaes; e á necessidade de regular por hum maneira uniforme a extracção das mesmas Loterias em todo o Imperio, a fim de não se desacreditar esse meio de favorecer os estabelecimentos uteis com augmento da Renda Publica: Hei por bem, depois de ter Ouvido o Conselho d'Estado, Mandar que se execute o seguinte Regulamento.
>
> CAPITULO I
> Dos Encarregados da extracção das Loterias
> Art. 1° A' extracção das Loterias presidirá a Autoridade Judiciaria, ou Policial, que o Governo na Côrte, e os Presidentes nas Provincias designarem; sendo seus substitutos, no caso de impedimento, aquelles, que legitimamente o deverem ser.
>
> Art. 2° Haverá hum Thesoureiro, que será proposto pelo Concessionario da Loteria, ou Loterias, na Côrte ao Ministro e Secretario d'Estado dos Negocios da Fazenda, e nas Provincias aos respectivos Presidentes.[25]

---

[25] BRASIL. **Decreto n° 357, de 27 de abril de 1844**. Brasília: Presidência da República, [2019]. Disponível em: http://legis.senado.leg.br/legislacao/ PublicacaoSigen.action?id=387220&tipoDocumento=DEC-n&tipoTexto =PUB. Acesso em: 6 jun. 2019. [Sic.]

Há registro de diversos empreendedores privados que, com autorização da União (da Corte, antes da proclamação da República, no ano de 1889), ou dos Estados (Províncias, antes de 1899 e unidades federativas após aquele ato), exploravam modalidades lotéricas no Brasil[26].

1.3.2.2 Loterias estaduais

Compulsando-se os arquivos[27], importa saber que após a proclamação da República Federativa do Brasil, alguns estados criaram suas Loterias, notadamente antes do ano de 1967[28], conforme legislação estadual abaixo indicada:

Estado	Norma
Acre	Lei Estadual n° 41/1965[29]
Alagoas	Lei Estadual n° 4.493/1983[30]
Amapá	Lei Ordinária n° 053/1992[31]

---

[26] APARECIDA, Regiane. História das Loterias no Brasil. **Infoescola**. Disponível em: https://www.infoescola.com/historia/historia-das-loterias-no-brasil/. Acesso em 14 jun. 2019.

[27] STF – ADIN's em face das leis estaduais que tratavam das Loterias estaduais que autorizavam a exploração de modalidades não legalizadas por lei federal.

[28] Ano em que foi publicado, com fundamento no Ato Institucional n° 4, do Governo Militar, o BRASIL. **Decreto n° 204 de 27 de fevereiro de 1967**. Dispõe sôbre a exploração de loterias e dá outras providências. [Sic]. Brasília: Presidência da República, [2019]. Disponível em: http://www.planalto.gov.br/ccivil_03/decreto-lei/1965-988/del0204.htm. Acesso em: 14 jun. 2019.

[29] ACRE. **Lei n° 41, de 18 de novembro de 1965**. Cria o Serviço de Loteria do Estado do Acre e dá outras providências. Assembleia Legislativa do Estado do Acre. Disponível em: http://www.al.ac.leg.br/leis/wp-content/uploads/2014/08/Lei41.pdf. Acesso em: 18 ago. 2019.

[30] ALAGOAS. **Lei n° 4.493/1983**. Assembleia Legislativa do Estado de Alagoas. Disponível em: https://www.al.al.leg.br/leis/legislacao-estadual. Acesso em: 18 ago. 2019.

[31] AMAPÁ. **Lei n° 53/1992**. Assembleia Legislativa do Estado do Amapá. Disponível em: http://www.al.ap.gov.br/pagina.php?pg=exibir_processo&iddocumento=16607. Acesso em: 18 ago. 2019.

Estado	Norma
Amazonas	Lei Ordinária nº 119/1955[32]
Bahia	Lei Ordinária nº 1.951/1963[33]
Ceará	Lei Estadual nº 52/1947[34]
Distrito Federal	Lei Distrital nº 1.176/1996[35]
Espírito Santo	Lei Ordinária nº 1.928/1964[36]
Goiás	Lei Estadual nº 566/1951[37]
Maranhão	Lei Ordinária nº 2.327/1963[38]
Mato Grosso	Lei Ordinária nº 363/1953[39]

---

[32] AMAZONAS. **Lei nº 119 de 30 de dezembro de 1955**. Disponível em: https://sapl.al.am.leg.br/media/sapl/public/normajuridica/2003/7268/7268_texto_integral.pdf [O site do Governo do Amazonas mantém publicada a Lei nº 2.813 de 18 de julho de 2003, em cujo texto encontramos a referência à Lei nº 119 do ano de 1955]. Acesso em: 18 ago. 2019.
[33] BAHIA. **Lei nº 1.951 de 16 de setembro de 1963**. Leis Estaduais da Bahia. Disponível em: http://leisestaduais.com.br/ba/lei-ordinaria-n-1951-1963-bahia-dispoe-sobre-a-loteria-estadual-da-bahia-e-da-outras-providencias. Acesso em: 18 ago. 2019.
[34] CEARÁ. **Lei nº 52 de 7 de novembro de 1947**. Disponível em: http://www.lotece.com.br/v2/?page_id=2. Acesso em: 18 ago. 2019.
[35] DISTRITO FEDERAL. **Lei nº 1.176 de 29 de julho de 1996**. Institui e regulamenta a Loteria Social do Distrito Federal. Câmara Legislativa do Distrito Federal. Disponível em: http://legislacao.cl.df.gov.br/Legislacao/NormaJuridicaNJUR.action.consultaTextoLeiParaNormaJuridicaNJUR-22541!buscarTextoLeiPara. Acesso em: 18 ago. 2019
[36] ESPÍRITO SANTO. **Lei nº 1.928 de 2 de janeiro de 1964**. Assembleia Legislativa do Estado do Espírito Santo. Disponível em: http://www3.al.es.gov.br/legislacao/norma.aspx?id=6802&termo=loteria. Acesso em: 18 ago. 2019.
[37] GOIÁS. **Lei nº 566 de 13 de novembro de 1951**. Cria o serviço de loteria do Estado de Goiás e dá outras providências. Assembleia Legislativa do Estado de Goiás. Disponível em: https://portal.al.go.leg.br. Acesso em: 18 ago. 2019.
[38] MARANHÃO. **Lei nº 2.327/1963**. Assembleia Legislativa do Estado do Maranhão. Disponível em: http://arquivos.al.ma.leg.br:8080/ged/legislação/LEI_2370. Acesso em: 18 ago. 2019.
[39] MATO GROSSO. **Lei nº 363 de 28 de dezembro de 1953**. Institui o serviço de Loteria do Estado De Mato Grosso. Assembleia Legislativa do Estado do Mato Grosso. Disponível em: https://www.al.mt.gov.br/legislacao/16291/visualizar. Acesso em: 18 ago. 2019.

Estado	Norma
Mato Grosso do Sul	Lei Estadual nº 511/1984[40]
Minas Gerais	Decreto-Lei nº 165/1939[41]
Pará	Decreto-Lei nº 5.148 de 1946[42]
Paraíba	Lei Estadual nº 1.192/1955[43]
Paraná	Lei Estadual nº 2.964/56[44]
Pernambuco	Lei Estadual nº 73/1947[45]
Piauí	Lei Estadual nº 1825/1947[46]

---

[40] MATO GROSSO DO SUL. **Lei nº 511 de 7 de dezembro de 1984**. Dispõe sobre a criação da Loteria Estadual de Mato Grosso do Sul. Assembleia Legislativa do Estado do Mato Grosso do Sul. Disponível: http:// aacpda ppls.net.ms.gov.br/appls/legislacao/secoge/govato.nsf/1b758e65922af3e9 04256b220050342a/bf89db1b4968a2a604256e450002e90f?OpenDocume nt&Highlight=2,loteria. Acesso em: 18 ago. 2019.

[41] MINAS GERAIS. **Decreto-Lei nº 165 de 10 de janeiro de 1939**. Institui a Loteria do Estado de Minas Gerais. Loteria Mineira. Disponível em: http://www.loteriademinas.com.br/images/stories/dmdocuments/procedi mento%20manifestacao.pdf. Acesso em: 18 ago. 2019.

[42] PARÁ. **Decreto-Lei nº 5.148, de 23 de agosto de 1946**. [A Loteria do Estado do Pará - Loterpa foi integrada à Administração Pública e transformada em autarquia estadual, por meio da Lei Estadual nº 4.603, de 11 de dezembro de 1975. A norma faz referência à data de criação da Loteria, quando aquele território ainda era uma Província da Corte, anos antes da Proclamação da República do Brasil, denominado Grão Pará, registrado na Lei da Província do Grão Pará nº 289/1856]. Banco de leis. Disponível em: /http://bancodeleis.alepa.pa.gov.br:8080/arquivos/lei4603_1975_12117. pdf. e http://bnldata.com.br/loteria-do-para-a-segunda-loteria-estadual-mais-antiga-do-. Acesso em: 18 ago. 2019.

[43] PARAÍBA. **Lei nº 1.192, de 2 de abril de 1955**. Lotep. Disponível em: http://lotep.pb.gov.br/menu-principal/institucional Acesso em: 18 ago. 2019.

[44] PARANÁ. **Lei nº 2.964/1956**. Assembleia Legislativa do Estado do Paraná. Disponível em: http://portal.assembleia.pr.leg.br/index. php/ pesquisa-legislativa/proposição. Acesso em: 18 ago. 2019.

[45] PERNAMBUCO. **Lei nº 73 de 22 de dezembro de 1947**. Informação obtida no BRASIL. STF. Reclamação nº 5716. Relator: Ministro Celso de Mello. Voto pela concessão da liminar requerida, aos 23/03/2008. Disponível em: http://portal.stf.jus.br/processos/detalhe.asp?incidente=25 82329. Acesso em: 18 ago. 2019.

[46] PIAUÍ. **Lei nº 1.825/1947** apud BRASIL. Supremo Tribunal Federal. ADI nº 3147. Relator: Relator: Min. Ayres Britto. [Autos juntados nas informações do Governador] Acesso em: 18 ago. 2019.

Estado	Norma
Rio de Janeiro	Decreto-Lei n° 138/1975[47]
Rio Grande do Norte	Lei Estadual n° 8.118/02[48]
Rio Grande do Sul	Decreto-Lei n° 1.350 de 1947[49]
Rondônia	Lei Ordinária n° 121/1986[50]
Roraima	*[51]
Santa Catarina	Lei Estadual n° 3.812/1966[52]
São Paulo	Decreto n° 10.120/1939[53]

[47] RIO DE JANEIRO. **Decreto-Lei n° 138 de 23 de junho de 1975**. Dispõe sobre a loteria do estado do Rio de Janeiro - LOTERJ. [Sucessora da loteria do estado da Guanabara de 1940]. Disponível em: www.multirio.rio.gov.br. Acesso em: 14 jun. 2019.

[48] RIO GRANDE DO NORTE. **Lei n° 8.118, de 27 de maio de 2002**. Institui a Loteria do Estado do Rio Grande do Norte, e dá outras providências. Apud BRASIL. Supremo Tribunal Federal. ADI no 2.690. Julgada procedente, declarando inconstitucional referida norma estadual. Disponível em: http://portal.stf.jus.br/ processos/detalhe.asp?incidente =2031932. Acesso em: 18 ago. 2019.

[49] RIO GRANDE DO SUL. **Decreto-Lei n° 1.350 de 1947**. Disponível em: https://www.fazenda.rs.gov.br/conteudo/1404/lotergs-na-internet. Acesso em: 18 ago. 2019. [A Loteria do Rio Grande do Sul teria sido criada em 28 de fevereiro de 1843 pelo Decreto do Presidente Constitucional da República Rio-Grandense, General Bento Gonçalves da Silva, portanto, na condição, em tese, de uma República independente do Brasil, sendo assim adotada neste livro como a Loteria mais antiga do atual território brasileiro. Registra-se ainda que, no ano de 1947 foi publicado o Decreto-lei n° 1.350, na condição de norma estadual instituidora da Loteria Estadual do Rio Grande do Sul].

[50] RONDÔNIA. **Lei n° 121 de 21 de julho de 1986**. Autoriza o Poder Executivo a criar a Loteria Estadual de Rondônia. Assembleia Legislativa de Rondônia. Disponível em: https://sapl.al.ro.leg.br/norma/pesquisar. Acesso em: 18 ago. 2019.

[51] A pesquisa não encontrou referência sobre eventual lei estadual ou do território, que dispusesse sobre loteria naquele ente federado.

[52] SANTA CATARINA. **Lei n° 3.812 de 3 de março de 1966**. Cria a Superintendência Lotérica do Estado de Santa Catarina – LOTESC e dá outras providências. Disponível em: http://leis.alesc.sc.gov.br/html/1966/ 3812_1966_lei.html. Acesso em: 18 ago. 2019.

[53] SÃO PAULO. **Decreto n° 10.120 de 14 de abril de 1939**. Dispõe sobre o serviço de loterias do Estado. Disponível em: https://www.al. sp.gov.br/ norma/125455. Acesso em: 18 ago. 2019.

Estado	Norma
Sergipe	Lei Ordinária nº 1.387/1966[54]
Tocantins	Lei Ordinária nº 066/1989[55]

A importância econômica e social das Loterias estaduais no Brasil é facilmente verificável e verificada, convivendo desde a sua criação, ou pelo menos desde o ano de 1844, com a Loteria da União (e da Corte com as Províncias), cujos objetivos foram e são sempre baseados em políticas públicas voltadas ao bem comum. Na Loteria, o apostador sempre ganha, seja ao receber eventual prêmio pelo acerto na aposta, ou simplesmente pela opção de contribuir com o valor apostado, cujo destino será o financiamento da Seguridade Social, definida no art. 194 da Constituição Federal, podendo ser estendido ao financiamento de políticas voltadas ao esporte, à cultura, à segurança pública e outras demandas de responsabilidade da Administração Pública.

Para dar continuidade à matéria proposta neste estudo, há necessidade de estabelecermos, concretamente, mais alguns conceitos que entendo pertinentes e fundamentais para a compreensão da dinâmica das Loterias.

1.3.3 Aposta – conceito e tipos

Na Loteria haverá, em regra, concursos de prognósticos, cujo resultado aleatório e controlado mediante regras predefinidas, serve para identificar a(s) aposta(s) vencedora(s). Esta, por sua vez, pode ser considerada como o ato de escolher uma ou mais opções (números, figuras diversas, sequências de coisas, cores, bichos, flores, sons, imagens etc.), que se encontram entre tantas outras, ou, no resultado de uma

---

[54] SERGIPE. **Lei nº 1.387 de 27 de maio de 1966.** Cria Loteria e dá outras providências. Assembleia Legislativa do Sergipe. Disponível em: https://al.se.leg.br/Legislacao/Ordinaria/1966/O13871966.pdf. Acesso em: 18 ago. 2019.

[55] TOCANTINS. **Lei nº 66 de 25 de julho de 1989.** Cria a Superintendência Lotérica do Estado do Tocantins - LOTINS e dá outras providências. Disponível em: https://www.al.to.leg.br/ arquivos/6326.pdf. Acesso em: 18 ago. 2019.

competição, entre eles mesmos ou disputada por terceiros, bem como no resultado de qualquer evento futuro e incerto.

Aposta nada mais é do que um verbo, que designa o ato de escolha de algo posto ao lado/em cima/embaixo/antes/após, oculto ou não, palpável ou não[56] de outras coisas ou alternativas, ou no resultado que ele mesmo produzir (neste último caso, designado como jogo de habilidade).

Para apostar, está evidente que sempre há possibilidade de escolha, de forma que sempre haverá mais de uma alternativa, e elas podem ser individuais ou coletivas, conforme a regra pré-estabelecida.

Ainda sobre as apostas, divido em três tipos:

a) apostar em um resultado futuro aleatório, ou seja, apostar no próprio palpite (ex.: roleta e dados) sem que o apostador tenha a mínima interferência no resultado apresentado;

b) apostar em um resultado futuro do qual o próprio apostador pode, em tese, interferir no resultado, ou seja, apostar no resultado obtido em razão da própria habilidade (ex.: xadrez, pôquer, dama);

c) apostar num resultado futuro obtido pelo confronto entre duas ou mais partes, equipes ou individuais, ou seja, apostar no jogo, na competição travada por outros e que depende da habilidade, aqui compreendida como o emprego da força, destreza e/ou inteligência dos outros (ex.: apostas em eventos esportivos, apostas no resultado de corrida de cavalo, apostas no resultado das lutas marciais, apostas em competições de *games* ou *e-sports*[57] etc.).

---

[57] Me refiro ao *e-sport*, como "fenômeno mundial que vem ganhando cada vez mais fãs, principalmente de jovens. Sua popularidade aumentou devido ao lançamento do game para PC *League of Legends*, que reúne milhares de pessoas em ginásios para assistirem às competições. Em agosto, foi realizado o torneio "*The International*", a maior competição do game "*Dota 2*" do mundo, que teve premiações aos vencedores de mais de US$ 24 milhões". Revista Época Negócio, 22.08.2017. Disponível em: https://epocanegocios.globo.com/Tecnologia/noticia/2017/08/games-line-podem-virar-modalidade-olimpica-em-paris-2024.html. Acesso em: 14 jun. 2019.

1.3.4 Concurso de prognóstico – conceito

A palavra "concurso", adotada no texto do artigo 195, inc. III, da Constituição Federal, juntamente com a preposição "de" e o adjetivo "prognósticos", designa o evento em que se pode concorrer ou participar de uma competição, cujo prêmio ou expectativa de um resultado futuro depende da conquista ou escolha/aposta feita pelo participante. Na linguagem jurídica tem-se que concurso "indica o ato de concorrer; participação de várias pessoas num dado ato, visando à consecução do mesmo objetivo ou fim; disputa; concorrência; certame."[58] No caso de tratar-se de "concurso de prognóstico numérico", teremos uma competição com resultado futuro e aleatório, em que o apostador premiado tenha escolhido o número ou sequência de números que, segundo as regras do "concurso", é considerada ganhadora.

1.3.5 Prêmio – conceito

O "prémio" é o bem pretendido por quem faz a aposta e participa de alguma forma da disputa. Também compreendido como a recompensa daquele que tenha feito a escolha acertada, cujo resultado pode ser obtido através de um sorteio ou da habilidade dos participantes.

Apenas por registro, recentemente o legislador brasileiro considerou que os prêmios podem ser distribuídos por meio de "sorteios, vale-brindes, concursos ou operações assemelhadas", conforme dispõe o artigo 84-B, inc. III, da Lei nº 13.019/2015, na redação incluída pela Lei nº 13.204/2015[59].

---

[58] CONCURSO in DINIZ, Maria Helena. **Dicionário Jurídico**. v. 1. Saraiva, 2005, p. 894.
[59] BRASIL. **Lei nº 13.019 de 31 de julho de 2014**. Estabelece o regime jurídico das parcerias entre a administração pública e as organizações da sociedade civil, em regime de mútua cooperação, para a consecução de finalidades de interesse público e recíproco, mediante a execução de atividades ou de projetos previamente estabelecidos em planos de trabalho inseridos em termos de colaboração, em termos de fomento ou em acordos de cooperação; define diretrizes para a política de fomento, de colaboração e de cooperação com organizações da sociedade civil; e altera as Leis nos 8.429, de 2 de junho de 1992, e 9.790, de 23 de março de 1999. [Redação dada pela Lei nº 13.204, de 2015. Disponível em: http://www.planalto

Superada essa etapa, resta conceituar o termo "Loteria estadual", que entendo ser a instituição pública dos estados – e Loteria distrital, relativa ao órgão do Distrito Federal, que regulamenta e explora, direta ou indiretamente os concursos de prognóstico legalizados por lei federal[60], conforme prevê a Carta Constitucional. Essa matéria será melhor abordada no capítulo seguinte.

.gov.br/ccivil_03/_ato2011-2014/2014/lei/ l13019.htm. Acesso em: 08 ago. 2019.
[60] A referência à legislação federal, como paradigma das Loterias Estaduais quanto as modalidades, é adotada em respeito ao enunciado da Súmula Vinculante 2 do STF.

Capítulo 2

LOTERIA ESTADUAL

A Constituição Federal de 1988, ao tratar da ordem social[61], prevê a origem dos recursos para financiar a Seguridade Social no Brasil, indicando entre as fontes de receita, aquelas auferidas pela exploração dos concursos de prognósticos.

Sabe-se que a "Seguridade Social compreende um conjunto integrado de ações de iniciativa dos Poderes Públicos e da sociedade, destinadas a assegurar os direitos relativos à saúde, à previdência e à assistência social"[62], cuja competência de organização é atribuída ao Poder Público.

2.1 Previsão Constitucional

Foi no inciso III do artigo 195 da Constituição Federal que ficou estabelecida essa forma de captar recursos de origem não tributária, também pelos estados e pelo Distrito Federal.

2.2 Previsão infraconstitucional

Quanto às normas infraconstitucionais, inicio pela legislação pré-constitucional, destacando o Decreto-Lei nº 6.259/1944, cujo artigo primeiro dispõe que "o Serviço de loteria, federal ou estadual, executar-se-á, em todo o território

---

[61] Título VIII da BRASIL. [Constituição (1988)]. **Constituição da República Federativa do Brasil de 1988.** Brasília, DF: Presidência da República [Atualizada até a EC nº 102/2019] Disponível em: https://www.planalto.gov.br/ccivil_03/constituicao/constituicao.htm. Acesso em: 25 out. 2019.

[62] *Caput* do artigo 194 da BRASIL. [Constituição (1988)]. **Constituição da República Federativa do Brasil de 1988.** Brasília, DF: Presidência da República [Atualizada até a EC nº 102/2019] Disponível em: https://www.planalto.gov.br/ccivil_03/constituicao/constituicao.htm. Acesso em: 25 out. 2019.

do país"[63], de acordo com as disposições daquele diploma. A mesma norma federal estabeleceu que o Governo dos Estados (também o governo da União) poderão atribuir a exploração do serviço de Loteria a concessionários[64] de comprovada idoneidade moral e financeira[65], desde que a circulação do produto da loteria fique adstrita aos limites do Estado respectivo que a criou.

No mesmo sentido, encontra-se a Lei de Contravenções Penais, de 1941, atualmente em vigor, tipificando como ilícito penal a ação que introduz, para o fim de comércio, bilhete[66] de loteria estadual em território onde não possa legalmente circular: "Art. 53. Introduzir, para o fim de comércio, bilhete de Loteria estadual em território onde não possa legalmente circular"[67].

Induvidoso, portanto, que ao se referir à proibição de "distribuir bilhete de loteria estadual em território onde não possa circular legalmente", o legislador federal chancelou a permissão para os estados e o Distrito Federal distribuírem bilhetes de loteria nos limites de seus territórios. É obvio.

Outras disposições foram moldando o ordenamento jurídico relativo ao mercado de concursos de prognósticos, na

---

[63] BRASIL. **Decreto-Lei n° 6.259 de 10 de fevereiro de 1944**. Dispõe sôbre o serviço de loterias, e dá outras providencias. [sic]. Brasília, DF: Presidência da República [2019] Disponível em: http://www.planalto.gov.br/ccivil_03/decreto-lei/1937-1946/ Del6259.htm. Acesso em: 04 jun. 2019.
[64] O Decreto-Lei n° 204/67, que traz interpretação diversa no que se refere a concessão de serviço público, não foi recepcionado pela CF/88 e a matéria, nesta parte, atualmente é tratada pela lei Federal 8.987/1995, que dispõe sobre o regime de concessão e permissão da prestação de serviços públicos, previsto no art. 175 da Constituição Federal, e dá outras providencias.
[65] Art. 2° do BRASIL. **Decreto-Lei n° 6.259 de 10 de fevereiro de 1944**. Dispõe sôbre o serviço de loterias, e dá outras providencias. [sic]. Brasília, DF: Presidência da República [2019]. Disponível em: http://www.planalto.gov.br/ccivil_03/decreto-lei/1937-1946/Del 6259.htm. Acesso em: 04 jun. 2019.
[66] Observação do autor: na época, ano de 1941, a tecnologia adotava apenas o formato físico de bilhetes de concursos.
[67] BRASIL. **Decreto-Lei n° 3.688 de 3 de outubro de 1941**. Lei das Contravenções Penais. Brasília, DF: Presidência da República [2019]. Disponível em: http://www.planalto.gov.br/ccivil_03/decreto-lei/del3688.htm. Acesso em: 14 jun. 2019.

Loteria da União e na Loteria das unidades federadas. Foi, entretanto, no ano de 1991, que o legislador, tendo amparo na nova Constituição da República Federativa do Brasil de 1988, passou a considerar "concursos de prognósticos todos e quaisquer concursos de sorteios de números, loterias, apostas, inclusive as realizadas em reuniões hípicas, nos âmbitos Federal, Estadual, do Distrito Federal e Municipal"[68], nos exatos termos do artigo 26 da Lei nº 8.212/1991.

Na revisão da referida norma, alterada que foi pela Lei nº 13.756 de 2018, o texto do *caput* do artigo 26 da Lei nº 8.212/1991, ao tratar da Seguridade Social, deixou consignado que "constitui receita da Seguridade Social a contribuição social sobre a receita de concursos de prognósticos a que se refere o inciso III do caput do art. 195 da Constituição Federal"[69].

Ao regulamentar a referida Lei nº 8.212/1991, o governo federal, com base no art. 84, inc. IV, da Constituição Federal, que confere ao Presidente da República, privativamente, a atribuição para sancionar, promulgar e fazer publicar as leis, bem como expedir decretos e regulamentos para a sua fiel execução, considerou:

> [...] concurso de prognósticos todo e qualquer concurso de sorteio de números ou quaisquer outros símbolos, loterias e apostas de qualquer natureza no âmbito federal, estadual, do Distrito Federal ou municipal, promovidos por órgãos do Poder Público ou por sociedades comerciais ou civis.[70]

---

[68] BRASIL. **Lei nº 8.212, de 24 de julho de 1991.** Dispõe sobre a organização da Seguridade Social, institui Plano de Custeio, e dá outras providências. Brasília, DF: Presidência da República [2019]. Disponível em: http://www.planalto.gov.br/ ccivil_03/leis/l8212cons.htm. Acesso em: 14 jun. 2019.
[69] BRASIL. **Lei nº 13.756, de 12 de dezembro de 2018.** Dispõe sobre o Fundo Nacional de Segurança Pública (FNSP), sobre a destinação do produto da arrecadação das loterias e sobre a promoção comercial e a modalidade lotérica denominada apostas de quota fixa [...]. Brasília, DF: Presidência da República [2019]. Disponível em: http://www.planalto.gov.br/ccivil_03/_ato 2015- 2018/2018/Lei/L13756.htm. Acesso em: 14 jun. 2019. Art. 36 que alterou o art. 26.
[70] Conforme dispõe o BRASIL. **Decreto nº 3.048 de 06 de maio de 1999.** Aprova o Regulamento da Previdência Social, e dá outras providências. Brasília, DF: Presidência da República [2019]. Disponível em: http://www.

Nota-se que o Decreto nº 3.048/1999 acrescenta, no ordenamento jurídico, a possibilidade de a exploração do serviço (concurso de prognóstico) ser promovida pela iniciativa privada, ou seja, "por sociedades comerciais ou civis", e a alteração provocada pela Lei nº 13.756/2018 não criou entendimento diferente, mantendo-se incólume a sua interpretação.

Percebe-se, portanto, que tanto a Constituição Federal quanto a legislação infraconstitucional federal, atual e anterior à Carta Constitucional em vigência, contemplam as Loterias estaduais, de tal forma que União, estados e o Distrito Federal detêm um arcabouço de leis, decretos e outros atos normativos para a exploração dos seus produtos lotéricos.

2.3 Constitucionalidade das normas estaduais e limites de exploração

Sobre essa questão, o Supremo Tribunal Federal já foi instado a se manifestar, por provocação do Ministério Público, em ações que questionaram as legislações estaduais que permitiam, em seus territórios a exploração de modalidade de jogos de azar através das Loterias Estaduais e Distrital.

O STF decidiu que as leis estaduais que permitiam a exploração de modalidades como "bingo"[71], eram inconstitucionais, tendo como paradigma a ADI nº 2847/DF;[72] ao mesmo tempo em que, aqueles estados que tinham Loterias criadas nos termos da legislação federal, especialmente o Decreto-Lei nº 6.259/1944 e Decreto-Lei nº 204/1967, tiveram assegurada a ressalva da Corte Constitucional, no sentido de tornar legítimo o direito em continuar explorando as modalidades previstas em lei federal.

É o caso da Loteria do estado de Santa Catarina, tratado no acórdão da ADI nº 2996/SC perante o STF. Por

---

planalto.gov.br/ ccivil_03/decreto/d3048.htm. Acesso em: 16 jun. 2019. Grifamos.
[71] Bingo: modalidade de jogo de azar.
[72] BRASIL. Supremo Tribunal Federal. **ADI nº 2847/DF**. Relator: Ministro Carlos Veloso. Brasília, DF, 5 de agosto de 2004. Disponível em: http://redir.stf.jus.br/paginadorpub/paginador.jsp?docTP=AC&docID= 266940. Acesso em: 17 jun. 2019.

provocação da Associação Brasileira das Loterias Estaduais (ABLE) - que figurou na condição de *amicus curiae* naquele julgamento -, o acórdão assim ficou redigido no ponto que deixa expresso tal direito ao estado catarinense:

> [...] não está em jogo a L. Est. 3.812/66 - a que alude o art. 1º do diploma questionado -, a qual teria criado a Loteria do estado de Santa Catarina, ao tempo em que era facultada, pela legislação federal, a instituição e a exploração de loterias pelos estados membros.
> O que pode subsistir - e não está em causa direta - é a legislação estadual atinente à loteria estadual, nos termos restritos em que foram mantidas por força dos arts. 32 e 33 do DL 204/67. [...].[73]

Tal manifestação, também, foi expressa no julgamento da ADI nº 2995, ao tratar da lei que incluiu novos produtos na Loteria do Estado de Pernambuco. Desta forma, embora a Corte tenha declarado inconstitucional a novidade[74], assegurou, expressamente, a lei instituidora da Loteria pernambucana:

> [...] Não se instaurou, perante o Supremo Tribunal Federal, processo de controle normativo abstrato referente à Lei nº 73/1947 do Estado de Pernambuco, editada em momento no qual era facultado, a qualquer Estado-membro, por efeito de legislação federal (DL nº 204/67), dispor, validamente, sobre a instituição e a exploração de serviços lotéricos.[75]

---

[73] BRASIL. Supremo Tribunal Federal. **ADI nº 2996/SC**. Relator: Ministro Sepúlveda Pertence. Brasília, 10 de agosto de 2006. Disponível em: http://portal.stf.jus.br/processos/detalhe.asp? incidente=2168477. Acesso em: 17 jun. 2019.

[74] **Nota explicativa**: a motivação das ADI's foi a novidade mantida pelos entes federados nas suas respectivas leis e demais atos normativos, a exemplo da modalidade "Bingo".

[75] BRASIL. Supremo Tribunal Federal. **ADI nº 2995-9**. Relator: Ministro Celso de Mello. Brasília, DF, 13 de dezembro de 2006. Disponível em: http://redir.stf.jus.br/paginadorpub/paginador.jsp?docTP=AC&docID=488652. Acesso em: 17 jun. 2019.

O paradigma das Loterias estaduais, junto à Corte Constitucional, ficou expresso no voto do Ministro do STF Ayres Britto, que firmou o entendimento de que a:

> [...] competência para legislar inovadoramente é da União. [...]. Contudo, instituído, ou autorizado que seja um determinado jogo pela pessoa jurídica central da Federação (ainda que por lei ordinária, tão-somente), qualquer das duas unidades estatais periféricas (Estado-membro ou Distrito Federal), pode concorrer com ela, União Federal. Pode, no território de cada qual delas, competir com o Governo Central pela preferência dos apostadores."[76]

Ao sustentar na tribuna[77] do Supremo Tribunal Federal, o então advogado da Associação Brasileira das Loterias Estaduais (ABLE), autor desta obra jurídica, repisou os fundamentos de fato e de direito que reforçaram o entendimento de que os estados que tiveram sua loteria criada antes do Decreto-Lei nº 204/1967, induvidosamente puderam dar continuidade às suas respectivas atividades estatais. Naquela ocasião, a ABLE foi admitida na ADI nº 3277/Paraíba, na condição de *amicus curiae*.

Após o julgamento das várias ADI's, foi instaurado um processo administrativo[78], resultando na edição da Súmula Vinculante 2 do STF, interpretado por alguns desavisados, como uma proibição aos estados membros para explorar

---

[76] BRASIL. Supremo Tribunal Federal. **Adin nº 2847/DF**. Relator: Ministro Carlos Veloso. Brasília, DF. Voto do Ministro Carlos Ayres Britto. Disponível em: http://redir.stf.jus.br/paginadorpub/paginador.jsp?Doc TP =AC&docID=266940. Acesso em: 17 jun. 2019.

[77] SUSTENTAÇÃO Oral STF. ADVBrasil. Fernandes. **Youtube**. Disponível em: https://www.youtube.com/watch?v=zqqZWltqg&t =64s. Acesso em: 17 jun. 2019.

[78] Neste ponto, a ABLE, pelo seu advogado, autor deste livro, Roberto Carvalho Fernandes, sustentou a nulidade da edição da Sumula Vinculante nº 02 do STF, em ação própria protocolada na Corte Constitucional, com fundamento no vício formal decorrente da aplicação da Lei nº 11.417/2006, antes que referida norma tivesse entrado em vigor. Ocorre que o processo administrativo de edição da Súmula Vinculante 2, iniciou em dezembro de 2006, sendo que a Lei nº 11.417/2006, só entrou em vigor em março de 2007; além de, no mérito, arguir equívoco interpretativo do inciso XX do artigo 22 da Constituição Federal de 1988.

qualquer modalidade de "sorteio"[79]. Diante deste fato, novamente as Loterias estaduais, representadas pela ABLE, foram à Corte Constitucional para clarear a interpretação do referido verbete. Muito embora não tenha dado seguimento às arguições[80], a Corte Constitucional acabou por expressar o óbvio.

Ocorre que a Súmula Vinculante 2 não criou qualquer obstáculo ou empecilho ao funcionamento das Loterias estaduais. Isso, porque quando o Supremo Tribunal Federal declarou que a competência legislativa para dispor sobre sorteios, e assim incluiu a "loteria", é da União com exclusividade, não apreciou o regime de exploração das Loterias e a competência político-administrativa dos estados.

Tal assertiva foi muito bem esclarecida pelo Ministro Cezar Peluso e pela Ministra Ellen Gracie, conforme texto colacionado a seguir. Pode-se assegurar, assim, que os artigos 1º e 32 do Decreto-Lei nº 204/1967, bem como o enunciado da Súmula Vinculante 2, não se prestam a sustentar qualquer espécie de monopólio da exploração de produtos das Loterias pela União, conforme se verifica *in verbis*:

> [...] Bem asseverou a Min. ELLEN GRACIE, ao prestar informações, que 'as várias decisões desta Casa, todas prolatadas em ações diretas de inconstitucionalidade, que embasaram a edição da Súmula Vinculante nº 2 trataram tão-somente, (1) da caracterização das atividades de bingos e loterias como espécies de sistemas de consórcios e sorteios, bem como (2) do reconhecimento da competência privativa da União para desempenhar a atividade legiferante sobre esse tema' (fls. 227).
>
> Nas ações diretas que serviram de inspiração ao

---

[79] A palavra "sorteio" compreendida neste parágrafo a teor do julgado pelo STF, como o gênero de todas as modalidades de jogos/concursos de prognósticos/*gambling*.
[80] BRASIL. Supremo Tribunal Federal. **ADPF nº 128**. Relatora: Min. Cármen Lúcia. Disponível em: http://portal.stf.jus.br/processos/ detalhe. asp?incidente=2632714. Acesso em: 17. jun. 2019 e BRASIL. Supremo Tribunal Federal. **ADPF nº 147**. Relatora: Min. Cármen Lúcia. Disponível em: http://portal.stf.jus.br/processos/detalhe.asp?incidente=2632714. Acesso em: 17 jun. 2019.

enunciado da súmula vinculante n° 2, nada se definiu sobre o regime de exploração dos serviços lotéricos pelos Estados, de sorte que 'o debate desse assunto, de maneira inaugural, no procedimento de edição da Súmula ora em análise representaria manifesta extrapolação dos limites traçados pelos julgamentos que a fundamentaram'.[81]

Conclui-se, portanto, que as ações diretas de inconstitucionalidade em face das leis estaduais que continham as modalidades de bingos e outras, sem paradigma em lei federal, e a Súmula Vinculante 2 afetaram, tão somente, parte do portfólio de produtos das Loterias estaduais.

Tal assertiva, percebe-se, na ação promovida após a publicação da referida súmula, em que o Ministro Celso de Mello do STF, suspendeu liminarmente a decisão do juiz federal que pretendeu, com fundamento na Sumula Vinculante 2, suspender a Loteria estadual de Pernambuco:

> Os fundamentos ora expostos tornam evidente que a União Federal recusa, ao Estado de Pernambuco – que age por meio de uma de suas instrumentalidades administrativas (ARPE) –, a possibilidade de exercer competência para explorar serviços de loteria, nos termos da Lei estadual n° 73/1947, editada em momento no qual o serviço público de loteria podia ser realizado e executado, validamente, tanto no âmbito federal quanto no plano estadual.
>
> [...]
>
> Parece-me, desse modo, considerada a válida promulgação, pelo Estado de Pernambuco, da Lei n° 73/47, que a União Federal contesta, mesmo assim, a legitimidade da exploração, por essa unidade federada, do serviço de loteria, negando-se a admitir a validade do exercício, por referido Estado-membro, de uma competência que lhe foi reconhecida pela própria União Federal, quando da edição do

---

[81] BRASIL. Supremo Tribunal Federal. **ADPF n° 128**. Relator: Min. Cézar Peluso. Disponível em: http://portal.stf.jus.br/processos/detalhe.asp?incidente=2632714. Acesso em: 17. jun. 2019. Grifou-se.

Decreto-lei nº 204/67 (arts. 32 e 33).

[...]

Sendo assim, e em juízo de estrita delibação, defiro o pedido de medida liminar, em ordem a suspender, cautelarmente, a eficácia da decisão proferida pelo ilustre magistrado que ora figura como reclamado na presente sede processual (Ação Civil Pública nº 2007.83.00.017870-1, 10ª Vara Federal de Recife / PE, Apenso, fls. 156 166), sustando, ainda, até final julgamento desta reclamação, o andamento de referido processo judicial. [...].[82]

Portanto, evidencia-se que as Loterias estaduais, cujos produtos estejam limitados ao instituído por lei federal e explorados no âmbito de seu território, são compatíveis com a Constituição Federal, única fonte de distribuição de competência entres os entes federados. Alcança, pois, a todos os entes federados e não apenas aqueles estados que, antes do Decreto-Lei nº 204/1967, tenham instituído sua Loteria.

Trata-se da questão da proibição de monopólio para exploração de atividade econômica ou serviço público que não esteja, expressamente, prevista na Constituição da República Federativa do Brasil, conforme será discorrido no capítulo a seguir.

---

[82] BRASIL. Supremo Tribunal Federal. **Reclamação nº 5.716**. Relator: Ministro Celso de Mello. Disponível em: http://portal.stf.jus.br/processos/detalhe.asp?incidente=2582329. Acesso em: 17 jun. 2019. [em trâmite].

Capítulo 3

A QUESTÃO DO MONOPÓLIO DA UNIÃO SOBRE OS SORTEIOS

A União detém o monopólio legiferante sobre a matéria "sorteio"[83] no Brasil. Foi o que decidiu a Suprema Corte (STF), ao interpretar o artigo 22, inciso XX da Constituição Federal de 1988. Esse fato jurídico não se confunde com o regime de exploração das modalidades respectivas.

Por tais motivos, como dito nos capítulos anteriores, as Loterias estaduais podem e devem ser instituídas (criadas ou mantidas) pelos governos estaduais e distrital, por serem uma fonte de financiamento da seguridade social e inexistir monopólio da União para a finalidade de exploração dos diversos tipos de "sorteios"[84]. O fato não guarda relação alguma com a competência legiferante exclusiva sobre a matéria.

Explica-se: no Brasil, a regra de exploração dos mercados é a do livre comércio, sendo vedado o monopólio.

As exceções são somente aquelas expressas na Constituição Federal, por força da interpretação da norma contida no art. 177, e não podem ser alteradas ou interpretadas de forma extensiva por leis infraconstitucionais. Se as atividades das Loterias forem consideradas serviço público, conforme

---

[83] O sorteio é compreendido pelo STF como o gênero dos jogos de azar. Conclusão essa, que consta com crítica do autor.
[84] Leia-se: concursos de prognósticos.

definido em Lei[85], não há previsão no rol do artigo 21, incisos XI e XII da Constituição Federal, a lhe conferir a exclusividade.

Um exemplo desta dinâmica, em que a União detém a competência legiferante exclusiva sobre uma matéria, sem deter a mesma competência para a exploração do negócio, foi anotada no parecer do Professor Luis Roberto Barroso, atual Ministro do STF, ao explicar que

> [...] somente a União pode legislar, e.g., sobre águas e energia (art. 22, IV), trânsito e transportes (art. 22, XI), ou seguridade social (art. 22, XXIII), mas seria absurdo imaginar que os Estados não possam desenvolver atividades administrativas nesses setores.

Ora, são os municípios e/ou os estados, que exploram através da iniciativa privada, por meio de processo concorrencial em que firmam compromisso de concessionário para captar, tratar e distribuir água ao público consumidor, mediante pagamento. Do mesmo modo, como as empresas que exploram o transporte público, mediante contrato com os municípios, entre outros exemplos comparáveis com a dinâmica das loterias.

Rememorou ainda o magistério do professor, citando a doutrina de Andreas Krell que:

> [...] ao adotar tal sistemática, a Constituição dá lugar a diversos exemplos em que um ente detém a competência político-administrativa

---

[85] BRASIL. **Lei nº 13.756 de 12 de dezembro de 2018**. Dispõe sobre o Fundo Nacional de Segurança Pública (FNSP), sobre a destinação do produto da arrecadação das loterias e sobre a promoção comercial e a modalidade lotérica, denominada aposta de quota fixa [...]. Brasília, DF: Presidência da República [2019]. Disponível em: http://www.planalto. gov.br/ccivil_03/_ato2015-2018/ 2018/Lei/L13756 .htm. Acesso em: 09 ago. 2019 e BRASIL. **Lei nº 13.177 de 22 de outubro de 2015**. Altera a Lei nº 12.869, de 15 de outubro de 2013, acerca do regime de permissão de serviços públicos. Brasília, DF: Presidência da República [2019]. Disponível em: http://www.planalto.gov.br/ccivil_03/_Ato2015-018/2015/Lei/L131 77.htm. Acesso em: 09 ago. 2019; e BRASIL. **Decreto-Lei nº 6.259 de 10 de fevereiro de 1944**. Dispõe sôbre o serviço de loterias, e dá outras providências. [Sic]. Brasília, DF: Presidência da República [2019]. Disponível em: http://www.planalto.gov.br/ccivil_03/decreto-lei/1937-1946/Del 6259.htm. Acesso em: 4 jun. 2019 e outras disposições legais.

em certa área sem que titularize também a competência legislativa correspondente, devendo atuar sob o regime editado por outra esfera de Governo.[86]

Aquele autor, por sua vez, sustenta que há:

> [...] expressa distinção entre as competências legislativas, de um lado, e as administrativas, de outro, também não faria sentido se cada esfera política continuasse podendo executar meramente as suas próprias normas. Os doze incisos do artigo 23 seriam simplesmente supérfluos se esta competência administrativa existisse somente em conexão com os respectivos poderes de legislar, como foi o caso durante a vigência das Constituições brasileiras anteriores.[87]

3.1 Inexistência do monopólio da União

A propósito do tema se manifestaram respeitáveis ministros do STF e proeminentes juristas, inadmitindo falar-se em monopólio ou exclusividade da União para explorar as "loterias", em detrimento dos estados ou do Distrito Federal. Para ilustrar, colaciona-se a seguir os trechos das referidas manifestações:

a) Ministro do STF, Cezar Peluso:

> [...] Admito que, no caso da loteria, se trate de serviço público, e que o exercício da atividade não constitua monopólio, mas a regulamentação desse exercício é, sem dúvida, monopólio da União. Isto é, desde que as atividades de sorteio e consórcio sejam regulamentadas, as entidades federativas podem exercê-las sob o governo da norma proveniente da União. [...].[88]

---

[86] ANDREAS, Krell. **Discricionariedade administrativa e proteção ambiental.** Porto Alegre: Livraria do Advogado, 2004.
[87] ANDREAS, Krell. **Discricionariedade administrativa e proteção ambiental.** Porto Alegre: Livraria do Advogado, 2004, p. 99.
[88] BRASIL. Supremo Tribunal Federal. **ADI n° 2847/DF.** Relator: Ministro Carlos Veloso. 5 de agosto de 2004. Disponível em: http://redir.stf.jus.br/paginadorpub/paginador.jsp?docTP=AC&docID=266940. Acesso em: 17 jun. 2019.

b) Ministro do STF, Carlos Ayres Britto:

> [...] se é correto ajuizar que apenas a União pode originariamente legislar sobre essa ou aquela espécie de sorteio (e assim excluí-lo de ilicitude contravencional), não parece verdadeiro, contudo, afirmar que somente ela pode explorá-lo. 31. Explico-me: A competência para legislar inovadoramente é sempre da União. [...]. Contudo, instituído, ou autorizado que seja um determinado jogo pela pessoa jurídica central da Federação (ainda que por lei ordinária, tão-somente), qualquer das duas unidades estatais periféricas (Estado-membro ou Distrito Federal), pode concorrer com ela, União Federal. Pode, no território de cada qual delas, competir com o governo Central pela preferência dos apostados. Desde que se utilize das mesmíssimas normas federais de regência do tema, com adaptações apenas de ordem mecânica ou linear; isto é, adaptações ditadas pelas naturais diferenças de organização administrativa de cada uma dessas pessoas federadas periféricas.
> No uso, porém, de sua competência legislativa na matéria, a União federal não foi autorizada a reservar para si a exclusividade da exploração de sorteios, de modo a excluir a coparticipação dos Estados e do Distrito Federal. E porque não se acha habilitada a monopolizar o setor (todo monopólio é matéria de reserva normativa de tomo constitucional), proibida está de impedir que essas duas tipologias de pessoa governamental façam uso da competência residual que se extrai da leitura do art. 25 da Carta de Outubro, *litteris*: "são reservadas aos Estados as competências que não lhe sejam vedadas por esta constituição. [...][89]

c) Ministro do STF, Marco Aurélio:

> É sabença geral constituir premissa básica do

---

[89] BRASIL. Supremo Tribunal Federal. **ADI n° 2847/DF**. Relator: Ministro Carlos Veloso, 5 de agosto de 2004. Disponível em: http://redir.stf.jus.br/paginadorpub/paginador.jsp?docTP=AC&docID=266940. Acesso em: 17 jun. 2019.

federalismo que somente à Constituição Federal cabe restringir a autonomia dos Estados membros. Resta saber: tem-se na previsão do inciso XX do artigo 22 da Carta da República abrangência a ponto de alcançar as loterias estaduais nas diversas espécies? A competência privativa da União para legislar sobre sistemas de consórcios e sorteios apanha as loterias estaduais? Eis a questão constitucional da maior relevância com a qual se defronta a Corte, não havendo espaço para óptica que, escapando da seara jurídico-constitucional, situe-se em outras mais amplas, mesmo porque a União explora, com largueza maior, a atividade lotérica....

O que se nota, a esta altura, é que, ante possíveis desvirtuamentos de objetivo verificados em uma espécie de loteria, a dos bingos, já que estes também dependem de sorteio para obter-se prêmio, confundem-se conceitos e, com isso, é colocado em jogo todo o sistema de loteria estadual existente no País... Perceba-se o alcance do estrago que uma concepção centralizadora ocasionará. A loteria estadual, sempre revelada como serviço público e voltada ao amparo social especialmente dos menos afortunados, está em todos os Estados... Por entender que não se tem, no inciso XX do artigo 22 da Constituição Federal, a competência exclusiva da União para legislar sobre loterias, o que acabaria por colocar as diversas loterias estaduais na clandestinidade, peço vênia ao relator para julgar improcedente o pedido formulado, ressaltando, mais uma vez, que se está a tratar não apenas da espécie "bingo", mas do gênero loteria. É como voto na espécie.[90]

d) Ministro do STF, Celso de Melo:

Impende registrar, por relevante, que o próprio Decreto-lei 204/67 – recebido pela atual Constituição da República -, ao estabelecer o

---

[90] BRASIL. Supremo Tribunal Federal. **ADI nº 2996/SC**. Relator: Ministro Sepúlveda Pertence, 10 de agosto de 2006. Disponível em: http://portal.stf.jus.br/processos/detalhe.asp?incidente=2168477. Acesso em: 17 jun. 2019.

monopólio da União sobre serviço de loteria, preservou a situação das loterias estaduais então existentes, fixando normas estritas destinadas a reger-lhes o funcionamento legitimaria sob tal perspectiva, e por parte dessa unidade da federação, a instituição, por direito próprio, da exploração do serviço de loterias.[91]

e) Lição doutrinária do ministro aposentado Oswaldo Trigueiro:

> [...] Constituição não impede o funcionamento da loteria estadual. Primeiro, porque não atribui esse serviço à União, com exclusividade. Segundo, porque não proíbe, de forma expressa ou simplesmente implícita, a existência das loterias estaduais. Logo, os Estados estão habilitados a instituir esse serviço e a explorá-lo como lhes aprouver. [...].[92]

f) Ainda do ministro Marco Aurélio, agora no voto-vista proferido na ADI nº 2847/DF, consignou, com muita propriedade, que a "[...] Lei máxima não reserva o serviço público de loterias expressamente à União, ficando afastada, assim, a possibilidade de cogitar-se de monopólio. [...]"[93].

g) Na mesma linha exegética, conforme o parecer elaborado por Péricles Prade:

> [...] a Constituição Federal não proíbe os estados de atualizar a exploração de modalidades lotéricas instituídas pela União. Tão-somente veda que legisle sobre sistemas de consórcio e de sorteios, mas é de bom aviso acentuar que, em relação a legislação estadual

---

[91] BRASIL. Supremo Tribunal Federal. **ADI nº 2995-9/PE**. Relator: Ministro Celso de Mello, 13 de dezembro de 2006. Disponível em: http://redir.stf.jus.br/paginadorpub/paginador.jsp?docTP=AC&docID =488652. Acesso em: 17 jun. 2019.
[92] MELO, Oswaldo Trigueiro de Albuquerque. Loteria estadual. **Revista de Direito Público**, n. 76, 1985, p. 38-39.
[93] BRASIL. Supremo Tribunal Federal. **ADI nº 2847/DF**. Relator: Ministro Carlos Veloso, 5 de agosto de 2004. Disponível em: http://redir.stf. jus.br/paginadorpub/paginador.jsp?docTP=AC&docID=266940. Acesso em: 17 jun. 2019.

pretérita (ainda vigente), a União facultou que excepcionalmente legislasse, consoante dispõe o decreto-lei n° 6.259/44. [...]⁹⁴

Gustavo Henrique Justino de Oliveira, na obra Parcerias público-privadas nos serviços de loterias estaduais, refere que:

[...] Como a própria legislação em vigor trata a loteria como um serviço público, e não como atividade econômica, não há que se falar em monopólio da União Federal, seja pela natureza da atividade, seja por não estar enumerada no art. 177 da Constituição de 1988. Tendo em conta a irregularidade da norma de exclusividade do DL 204/67, fixadora de privilégio exclusivo da União a exploração de loterias, Caio Tácito lança mão da expressão termo "virtual monopólio". Tanto a Constituição de 1967 (posterior ao Decreto-lei 204/67), quanto a de 1988, não contêm dispositivo algum em que esteja explícito – ou mesmo implícito – que o serviço público de loterias é um serviço exclusivo da União Federal. [...]⁹⁵.

Caio Tácito, ao emitir parecer para Loteria do Rio de Janeiro, concluiu:

Portanto, a reserva ou exclusividade que o Decreto-Lei n° 204, de 1967, atribui à União para que somente a ela fosse facultada a exploração de loteria (com apenas a ressalva de

---

⁹⁴ PRADE, Péricles. Parecer. Parecer acerca dos efeitos decorrentes da procedência da ação direta de inconstitucionalidade n. 296, proposta pelo Procurador-Geral da República, tendo por objeto a lei estadual n. 11.348/2000, haja vista o fato de o STF, por maioria, em conformidade com o voto proferido pelo Ministro Relator Sepúlveda Pertence, ressalvar, mediante cláusula expressa, "que não está em jogo a L Est 3812/66 - a que alude o art. 1° do diploma questionado -, a qual teria criado a Loteria do Estado de Santa Catarina, ao tempo em que facultada pela legislação federal, a instituição e a exploração de loterias pelos Estados - Membros", além de assinalar a subsistência da legislação estadual atinente à loteria estadual, nos termos restritos em que foram mantidas por força dos art. 32 e 33 do DL 204/67. 13 de dezembro de 2006.
⁹⁵ OLIVEIRA, Gustavo Henrique Justino de. Parcerias público-privadas nos serviços de loterias estaduais. A&C. **Revista de Direito Administrativo & Constitucional**, Belo Horizonte, v. 12, p. 175-192, 2003.

sobrevivência das loterias estaduais preexistentes, no entanto, congeladas no estado em que se encontravam) discrepa, por inteiro, da regra maior, permissiva do paralelismo, ou da simultaneidade dos serviços públicos de diverso nível federativo.[96]

A mesma conclusão foi a do jurista Luiz Vicente Cernicchiaro, defendendo que:

> [...] a Lei Fundamental não restringiu à União Federal definição e exploração de loteria. Em consequência, pode o Estado, ao contrário do que dispunha o Decreto-Lei n. 204/67, explorar loterias. Em nível constitucional, não é serviço público exclusivo da União. [...][97]

E, do jurista Geraldo Ataliba:

> Não pode, porém, a União – pretexto de legislar sobre direito penal - proibir aos Estados o exercício de uma atividade que, no próprio texto normativo (que estabelece a proibição) – o Dec-lei 204 - é qualificada como serviço público.
> Em suma, se de serviço público se cuida, o Estado reger-se-á pelas leis que adotar (art. 13, CF); se de atividade pública ou publicizável, terá a mesma liberdade jurídica de que desfruta a União (cada qual agindo na forma da própria lei). Se, por fim, tratar-se de exploração de fontes de recursos financeiros não tributários, a competência é, mais do que concorrente, comum.
> Efetivamente, se uma atividade é produtiva de recursos financeiros, sem revestirem o caráter de tributo, parece – à vista do panorama sistemático constitucional brasileiro – que se está diante de caso de competência comum da União ou dos Estados. Ambos podem desempenhá-la livremente.
> É que as fontes de recursos não tributários não são explicitamente discriminadas no Texto

---

[96] CAIO TÁCITO, Mário. Loteria Estadual. Limites de Emissão de Bilhetes. Autonomia Estadual. **Revista de Direito Proc. Geral**, Rio de janeiro, ed. 40, 1988.

[97] CERNICCHIARO, Luiz Vicente. Parecer para o Estado de Minas Gerais. 28 de agosto de 2000.

Constitucional, como o fazem os arts. 18, 21, 23 e 24, quanto aos tributos. Implicitamente também não o são, o que deixa no campo da exploração comum as demais atividades (salvo as reservadas à iniciativa privada). De outro lado, todo serviço público que não seja nitidamente, por força de preceito constitucional, exclusivo de uma entidade, será de ambas. Isto é elementar e está na obra de todos os tratadistas e comentaristas da Constituição.[98]

Portanto, sustentado na doutrina mais consistente sobre a matéria e amparado no entendimento adotado pelos ministros do Supremo Tribunal Federal, cujo voto foi acima resgatado, na parte que exprime o pensamento sobre a questão da inexistência do monopólio da União sobre o tema Loteria, induvidoso tratar-se de um direito, quase dever dos entes federados explorarem os concursos de prognósticos para financiar a seguridade social.

3.2 Autonomia dos Estados

Retome-se que, apesar de os Estados não possuírem competência legiferante sobre o tema loteria, conforme o entendimento pacificado no Pretório Excelso (Súmula Vinculante 2), a norma não impede o Poder Executivo Estadual de dispor sobre a sua própria organização administrativa ligada à exploração de tais atividades, de modo que eventual descumprimento afetaria de morte o § 1º do artigo 25 e do próprio artigo 18 da Constituição Federal:

> Art. 18. A organização político-administrativa da República Federativa do Brasil compreende a União, os Estados, o Distrito Federal e os Municípios, todos autônomos, nos termos desta Constituição.
> [...]
> Art. 25. Os Estados organizam-se e regem-se pelas Constituições e leis que adotarem, observados os princípios desta Constituição.
> § 1º São reservadas aos Estados as competências

---

[98] ATALIBA, Geraldo. Possibilidade jurídica da exploração de loterias pelos Estados federados. **Revista de Direito Público**, n. 78, 1985, p. 80-93

que não lhes sejam vedadas por esta Constituição.[99]

Isso, porque os entes federativos são dotados de autonomia e são detentores de um rol de competências fixado na Constituição Federal, diretamente.

Nessa toada, convém rememorar a lição do eminente jurista Alexandre de Moraes, atual ministro do colendo Supremo Tribunal Federal, que, em sua conhecida obra Constituição do Brasil Interpretada, justamente ao comentar o inciso III do art. 19, ensina que:

> [...] ao preconizar a impossibilidade de a União, Estados, Distrito Federal e Municípios criarem distinções entre brasileiros em razão de sua naturalidade, mais uma vez o legislador consagrou o princípio da igualdade (CF, art. 5º, caput e inciso I). É o denominado princípio da isonomia federativa, cuja finalidade é acentuar a igualdade de todos os brasileiros, independentemente do Estado-membro de nascimento ou domicílio. [...].[100]

O princípio da isonomia/igualdade compreende tanto pessoas físicas quanto pessoas jurídicas, tanto privadas quanto públicas, a ponto de o referido doutrinador, na mesma obra, dedicar um subtítulo a tratar da vedação à criação de preferência entre os entes federativos, em que invoca decisão do próprio Supremo Tribunal Federal, com base na RTJ 111/930, estampando ementa, assim vazada:

> Igualdade entre os Estados-membros. Princípio da não discriminação entre participantes de concorrência pública. Vedado assegurar preferência a quem esteja sujeito ao pagamento de ICM ou ISS no Estado e que se faz a licitação.[101]

---

[99] BRASIL. [Constituição (1988)]. **Constituição da República Federativa do Brasil de 1988.** Brasília, DF: Presidência da República [Atualizada até a EC no 102/2019] Disponível em: https://www.planalto. gov.br/ccivil_03/constituicao/constituicao.htm. Acesso em: 25 out. 2019.
[100] MORAES, Alexandre de. **Constituição do Brasil Interpretada.** 4 ed. São Paulo: Atlas, 2004, p. 648.
[101] Idem, p. 649.

Daí ser lícito afirmar que a conjugação entre o inciso III do art. 19 e o art. 5º, caput, da Constituição Federal, aliados e, *in casu*, vinculados ao núcleo do princípio do pacto federativo, veda que se confira tratamento discriminatório entre os entes da Federação, de modo a, por consequência, impedir a exploração dos serviços lotéricos em determinados Estados, em detrimento de outros.

Portanto, é vedado e inexiste monopólio para exploração de modalidades de "sorteios" ou concursos de prognósticos no Brasil.

No entanto, a ausência de monopólio não permite, com total largueza, a exploração das modalidades de jogos pelos entes federados. Os limites impostos pelo legislador foram matéria de debate no STF, motivando, inclusive e principalmente, a edição da Súmula Vinculante 2, matéria suscitada nos capítulos anteriores, cuja fundamentação e alcance merece destaque, conforme exposto no capítulo seguinte.

CAPÍTULO 4

LOTERIAS ESTADUAIS E A SÚMULA VINCULANTE 2 DO STF

No ano de 2007 foi editada, pelo Supremo Tribunal Federal, a Súmula Vinculante 2. Seu efeito normativo[102] pacificou o entendimento de que cabe à União, privativamente[103], legislar sobre consórcios e sorteios, incluindo as Loterias, proporcionando o advento de outro cenário normativo e consistente: a presunção de constitucionalidade das leis estaduais que criaram suas Loterias antes do Decreto-lei nº 204/1967[104]. Neste cenário, inserem-se vários estados brasileiros.

---

[102] Súmulas vinculantes têm efeito normativo. "[...] Lembre-se que, nos termos da Lei 9.882/99, em seu art. 1º, qualquer ato do poder público (e a súmula não deixa de ser ato dessa natureza) poderá ser objeto da referida arguição." Cf. SANTANDER, Nelson Luis; SORMANI, Alexandre. **Súmula Vinculante**: um estudo à luz da Emenda Constitucional 45, Juruá, 2006, p. 121.

[103] Art. 22, inc. XX da BRASIL. [Constituição (1988)]. **Constituição da República Federativa do Brasil de 1988**. Brasília, DF: Presidência da República [Atualizada até a EC nº 102/2019] Disponível em: https://www.planalto.gov.br/ccivil_03/constituicao/constituicao.htm. Acesso em: 25 out. 2019.

[104] BRASIL. **Decreto nº 204 de 27 de fevereiro de 1967**. Dispõe sôbre a exploração de loterias e dá outras providências. [Sic] Brasília: Presidência da República, [2019]. Disponível em: http://www.planalto.gov.br/ccivil_03/Decreto-Lei/1965-1988/Del0204.htm. Acesso em: 18 jun. 2019. "Art. 32. Mantida a situação atual, na forma do disposto no presente Decreto-lei, não mais será permitida a criação de loterias estaduais. [...] Art. 33. No que não colidir com os têrmos do presente Decreto-lei, as loterias estaduais continuarão regidas pelo Decreto-lei nº 6.259, de 10 de fevereiro de 1944." [sic].

Explica-se: os estados que possuíam uma norma (Lei ou Decreto estadual), dispondo sobre a criação de Loteria estadual para explorar jogos (concursos de prognósticos numéricos), editada antes do ano de 1967[105], viram-se, no ano de 1993, com uma nova lei federal que criava outra modalidade de jogo, o **bingo**. A nova norma atribuía aos estados a competência para normatizar e fiscalizar esse mercado:

> Art. 57. As entidades de direção e de prática desportiva filiadas a entidades de administração em, no mínimo, três modalidades olímpicas, e que comprovem, na forma da regulamentação desta lei, atividade e a participação em competições oficiais organizadas pela mesma, credenciar-se-ão na Secretaria da Fazenda da respectiva Unidade da Federação para promover reuniões destinadas a angariar recursos para o fomento do desporto, mediante sorteios de modalidade denominada Bingo, ou similar.
>
> § 1º O **órgão competente de cada Estado e do Distrito Federal normatizará e fiscalizará a realização dos eventos de que trata este artigo.**[106] (negritamos)

Os estados, para atender referida norma federal, alteraram as respectivas leis estaduais, incluindo os **bingos** e similares no portfólio da legislação que dispunha sobre a sua Loteria.

---

[105] Em atendimento ao BRASIL. **Decreto nº 204 de 27 de fevereiro de 1967.** Dispõe sôbre a exploração de loterias e dá outras providências. Brasília: Presidência da República, [2019]. Disponível em: http://www.planalto. gov.br/ccivil_03/Decreto-Lei/1965-1988/Del02 04.htm. Acesso em: 18 jun. 2019 e BRASIL. **Decreto-Lei nº 6.259 de 10 de fevereiro de 1944.** Dispõe sôbre o serviço de loterias, e dá outras providências. Brasília: Presidência da República, [2019]. Disponível em: http://www.planalto.gov.br /ccivil_03/ decreto-lei/1937-1946/ Del6259. htm. Acesso em: 4 jun. 2019.

[106] BRASIL. **Lei nº 8.672 de 8 de julho de 1993.** Institui normas gerais sobre desportos e dá outras providências. [Lei Zico]. Brasília: Presidência da República, [2019]. Disponível em: http://www.planalto.gov.br/ccivil_03/ leis/L8672.htm. Acesso em: 17 jun. 2019. Atualmente, igualmente revogada pela Lei Pelé. BRASIL. **Lei nº 9.615 de 24 de março de 1998.** Institui normas gerais sobre desporto e dá outras providências. Brasília: Presidência da República, [2019]. Disponível em: http://www. planalto.gov.br/ccivil_ 03/leis/l9615consol.htm. Acesso em: 17 jun. 2019.

Ocorreu que a referida lei, que abrigava a modalidade de bingo e a conferia aos estados, foi revogada (em parte) pela Lei Pelé[107], passando a conferir com exclusividade à União a modalidade dos "bingos", a título de serviço público. A modalidade seria executada, direta ou indiretamente, pela Caixa Econômica Federal, subtraindo dos estados, em tese, tal direito. A mudança brusca (sem a consulta aos estados) foi observada na Lei Pelé, nos seguintes termos:

> Art. 59. A exploração de jogos de bingo, serviço público de competência da União, será executada, direta ou indiretamente, pela Caixa Econômica Federal em todo o território nacional, nos termos desta Lei e do respectivo regulamento.[108]

Não bastasse esse imbróglio histórico, o artigo 59 da Lei n° 9.615/1998, foi revogado pela Lei n° 9.981/2000:

> Art. 2°. Ficam revogados, a partir de 31 de dezembro de 2001, os arts. 59 a 81 da Lei n° 9.615, de 24 de março de 1998, respeitando-se as autorizações que estiverem em vigor até a data da sua expiração.[109]

Com essas inovações legislativas, a modalidade "bingo"[110] foi excluída do ordenamento jurídico federal.

---

[107] BRASIL. **Lei n° 9.615 de 24 de março de 1998**. Institui normas gerais sobre desporto e dá outras providências. Brasília: Presidência da República, [2019]. Disponível em: http:// www.planalto.gov.br/ccivil_03/leis/ l9615consol.htm. Acesso em: 17 jun. 2019.

[108] Texto com a alteração da BRASIL. **Medida Provisória n° 2.216/2001**. Altera dispositivos da Lei n° 9.649, de 27 de maio de 1998 que dispõe sobre a organização da Presidência da República e dos Ministérios, e dá outras providências. Brasília: Presidência da República, [2019]. Disponível em: http://www.planalto.gov.br/ccivil_03/mpv/2216-37.htm. Acesso em: 17 jun. 2019.

[109] BRASIL. **Lei n° 9.981 de 14 de julho de 2000**. Altera dispositivos da Lei n° 9.615, de 24 de março de 1998, e dá outras providências. Brasília: Presidência da República, [2019]. Disponível em: http://www.planalto.gov.br/ccivil_03/Leis/ L9981.htm. Acesso em: 17 jun. 2019.

[110] Modalidade em que a aposta se submete a um resultado aleatório/ ocorre com a extração de uma ou mais esferas (bolas), representativas de um número ou símbolo, dentre tantas que se encontram num globo, cubo ou outro ambiente restrito, para obtenção de um resultado aleatório, cujo prêmio, em regra é rateado entre as apostas (parimutuel), podendo ser, definido previamente na regra o modelo de jogo bancado (*fixe odds*).

No entanto, os estados de Santa Catarina, Goiás, Pernambuco, Paraíba, Ceará, Alagoas, Minas Gerais e outros[111], incluindo o Distrito Federal, **não** atualizaram suas legislações para se coadunarem com o novo ordenamento jurídico federal[112], que a partir daquele momento (ano de 2000) não mais continha lei federal, autorizando a exploração da modalidade "bingo". Tais modificações e a inércia dos estados, mantendo as autorizações das modalidades de jogos, amparados em suas leis estaduais, sem uma lei federal de lastro (considerando, aqui, a competência privativa da União para legislar inovadoramente sobre a matéria "consórcios e sorteios"), atraiu a inconstitucionalidade para esta parte, apenas, das normas estaduais.

Por esse motivo, as leis estaduais que, a partir da vigência da Lei n° 9.981/2000, permitiam a exploração da modalidade de "bingo", foram objeto de Ação Direta de Inconstitucionalidade por ofensa ao artigo 22, inc. XX da Constituição Federal de 1988.

4.1 Efeitos da declaração de inconstitucionalidade

Dito isso, a consequência, como é ressabido, da declaração de inconstitucionalidade pelo Supremo Tribunal Federal propiciou o efeito *ex tunc* (e vinculante). Atingiu, assim, as situações pretéritas, pois a lei declarada inconstitucional é nula, sendo possível, apenas excepcionalmente, conferir efeitos *ex nunc* ou para o futuro, se presentes as hipóteses contempladas pelo artigo 27 da Lei n° 9.868/1999.

Como as leis estaduais[113] haviam revogado a lei anterior, que criou a Loteria estadual antes do Decreto-Lei n° 204/1967[114], e ao final fora declarada inconstitucional pelo

---

[111] Referência aos que adaptaram suas legislações estaduais à Lei Zico, para abrigar o Bingo, em atendimento ao artigo 57 da Lei n° 8.672/1993.
[112] Art. 22, inc. XX da BRASIL. [Constituição (1988)]. **Constituição da República Federativa do Brasil de 1988.** Brasília, DF: Presidência da República [Atualizada até a EC no 102/2019] Disponível em: https://www.planalto.gov.br/ccivil_03/constituicao/constituicao.htm. Acesso em: 25 out. 2019.
[113] Editadas após a Lei Zico, e que tratavam de bingo.
[114] Só com concursos de prognósticos numéricos – sem a modalidade bingo.

STF, a original (a lei revogada) volta a vigorar no plano jurídico, dado que voltou a ser válida e eficaz.

Conforme votou o ministro relator na ADI n° 3060 e outras[115] que versaram sobre a mesma matéria, não se aplicou efeito extraordinário (*ex-nunc*) ao julgado.

Ocorre que nestes casos, não se está diante, por conseguinte, da repristinação, vedada pela Lei de Introdução ao Código Civil. Trata-se, sim, dos efeitos repristinatórios da declaração de inconstitucionalidade; afinal, novidade não é na doutrina[116] e principalmente na jurisprudência do STF, o reconhecimento de existência do efeito repristinatório da declaração de inconstitucionalidade, conforme disposto nas ADI's n° 2.574, n° 2.028 e n° 2.036, entre outras.

A restauração eficacial das leis estaduais instituidoras da respectiva "Loteria estadual", que foram expressamente revogadas (em parte ou no todo) pela lei posterior que incluiu o **bingo**, proporciona, como dito anteriormente, o advento de outro cenário normativo que consiste na presunção de sua constitucionalidade.

A Súmula vinculante 2 não afasta (até porque não poderia) a competência dos estados para explorar as modalidades de jogos autorizadas por Lei Federal, atualmente administradas pela Caixa Econômica Federal por delegação do Ministério da Fazenda[117].

No entanto, as modalidades afetas às Loterias estaduais, são aquelas previstas em Lei Federal, enquanto manter-se o entendimento do STF sobre o conceito do termo "sorteio", previsto no artigo 22, inciso XX da Constituição Federal de 1988, assunto do próximo capítulo.

---

[115] BRASIL. Supremo Tribunal Federal. **ADI n° 2996/SC**. Relator: Ministro Sepúlveda Pertence. Brasília, 10 de agosto de 2006. Disponível em: http://portal.stf.jus.br/processos/detalhe.asp?incidente=2168477. Acesso em: 17 jun. 2019 e outras.
[116] Cf. obras de Clèmerson Merlin Clève, Alexandre de Morais, Zeno Veloso *et al.*
[117] Incorporado pelo Ministério da Economia a partir de 2019.

CAPÍTULO 5

CONCURSOS DE PROGNÓSTICOS LEGALIZADOS PELA UNIÃO

Os produtos lotéricos, ou seja, as modalidades que os entes federados podem explorar, são aqueles legalizados pela União, desde que:

> [...] se utilize das mesmíssimas normas federais de regência do tema, com adaptações apenas de ordem mecânica ou linear; isto é, adaptações ditadas pelas naturais diferenças de organização administrativa de cada uma dessas pessoas federadas periféricas[...].[118]

Em pesquisa[119] na legislação federal de regência, consta o registro de que a União criou algumas modalidades, como a da Lei nº 13.756/2018, referente às "apostas de quota fixa em eventos esportivos – apostas esportivas"; da Lei nº 13.155/2015 que institui a "Lotex" e das Leis nº 6.717/1979, e respectivas portarias que trataram da "loteria de números"; do Decreto-lei nº 594/1969 e Decreto nº 66.118/1970 que trataram da "loteria esportiva"; ou relativo aos concursos de prognósticos esportivos denominados "loto, loteca e lotogol" que são regulamentadas pela Circular nº 678/2015, com amparo no Decreto-Lei nº 594/1969, e ainda da Lei nº 11.345/2006 e

---

[118] BRASIL. Supremo Tribunal Federal. **ADI nº 2847/DF**. Relator: Ministro Carlos Veloso. Brasília, DF, 5 de agosto de 2004. Disponível em: http://redir.stf.jus.br/paginadorpub/paginador.jsp?docTP=AC&docID=26 6940. Acesso em: 17 jun. 2019. Voto do Ministro Ayres Brito.

[119] Disponível em: http://www.fazenda.gov.br/acesso-a-informacao /institucional/legislacao/legislacao-sobre-loterias. Acesso em: 25 jun. 2019.

Decreto n° 6.187/2007 que criou a loteria de prognóstico específico, chamada de "Timemania".

5.1 Modalidades

No site oficial no Ministério da Economia[120], consta uma relação das modalidades lotéricas autorizadas no Brasil. *Ipsis literis*:

> **Loterias de prognósticos numéricos:** são os produtos lotéricos em que o apostador tenta prever quais serão os números sorteados no próximo concurso. É nesta modalidade que se encaixa a Mega-Sena, além da Quina, a Lotomania, a Timemania, a Dupla-Sena e a Lotofácil.
>
> **Loterias de prognósticos esportivos:** são aquelas em que o apostador tenta prever o resultado de jogos esportivos. No Brasil, existem a Loteca (antes Loteria Esportiva), a qual permite que o jogador use palpites de resultados de partidas de futebol como base para as apostas, arriscando resultados de 14 jogos definidos por concurso, cujo sorteio é semanal, e a Lotogol, baseada na quantidade de gols feita pelos times de futebol em rodadas de competições nacionais.
>
> **Passiva:** é a conhecida Loteria Federal, a loteria em seu formato primário (no qual o apostador recebe o bilhete já numerado).
>
> **Loteria instantânea:** oferecida na forma de cartela, cupom ou cartão raspáveis, mostra de imediato, por meio da raspagem de uma película de tinta opaca, se o apostador foi ou não agraciado com alguma premiação.

A Circular n° 471/2009 da Caixa Econômica Federal (por delegação), que trata da regulamentação das permissões lotéricas, classifica os produtos lotéricos nas modalidades abaixo identificadas, com a observação de que "a Caixa poderá lançar

---

[120] MINISTÉRIO DA ECONOMIA [Fazenda]. Regulação de loterias e promoções comerciais. Disponível em: http://www.fazenda.gov.br/assuntos/loterias-e-promocoes-comerciais. Acesso em: 17 jun. 2019.

outras modalidades de loterias não previstas nesta Circular". Vejamos, conforme consta no site:

3.1.1 LOTERIA DE BILHETES

3.1.1.1 *Loteria Federal* – modalidade de loteria na qual há uma quantidade pré-fixada de bilhetes numerados, atribuindo-se prêmios, mediante sorteio realizado pela Caixa e de acordo com um Plano de Sorteio.

3.1.1.2 *Loteria Instantânea* – modalidade de loteria na qual os apostadores conhecem os resultados ao revelarem as combinações de números, símbolos ou caracteres que se encontram encobertos em área raspável.

3.1.2 LOTERIA DE PROGNÓSTICOS

3.1.2.1 *Loteria de Prognósticos Numéricos* – modalidade de loteria na qual o apostador indica seus prognósticos, num universo de números inteiros, concorrendo a prêmios mediante sorteio.

3.1.2.2 *Loteria de Prognósticos Esportivos* – modalidade de loteria na qual o apostador indica seus prognósticos sobre resultados de competições esportivas.

3.1.2.3 *Loteria de Prognóstico Específica - Timemania* - modalidade de loteria que adota como estratégia a facilidade e aceitação da mecânica consolidada das loterias de prognósticos numéricos com a utilização do potencial da marca dos clubes de futebol, na qual o apostador indica seus prognósticos, num universo de números constituídos de 2 algarismos e indica um clube de futebol de sua preferência, concorrendo a prêmios mediante sorteio.[121]

5.2 Produtos explorados pela União

---

[121] CAIXA ECONÔMICA FEDERAL. **Circular n° 471 de 5 de maio de 2009.** Regulamentação das Permissões Lotéricas. CEF. Disponível em: www1.caixa.gov.br%2floterico s%2f_arquivos%2fcircular%2fCIRCULAR_CAIXA%2520471_05MAI2009.doc. Acesso em: 09 ago. 2019.

Ultrapassados esses conceitos e registros, estabelecidos pelo órgão do Ministério da Fazenda[122] e pela Caixa Econômica Federal, os produtos atualmente explorados pela União, por intermédio da CEF[123], são os seguintes:

a) Lotofácil
b) Quina
c) Mega-Sena
d) Lotomania
e) Timemania Federal
f) Loteca
g) Lotogol
h) Dupla Sena
i) Dia da Sorte

5.3 Dos sorteios beneficentes

Neste ponto, rememore-se que a questão dos sorteios beneficentes não se confunde com os sorteios adotados pelas Loterias, embora o destino dos recursos obtidos, muitas das vezes e em parte, possa ser o mesmo. Ou seja, também há repasse de arrecadação para aplicação nas áreas sociais.

Aqui, refiro-me à Lei do Terceiro Setor, editada em 2014 sob o n° 13.019, atualizada que foi pela Lei n° 13.204/2015, reconhecida como o Marco Regulatório das Organizações da Sociedade Civil (MROSC).

---

[122] Ministério da Fazenda, que foi unificado com outros ministérios pelo Governo Federal no ano de 2019, passando a denominar-se de Ministério da Economia, conf. BRASIL. **Lei n° 13.844, de 18 de junho de 2019**. Estabelece a organização básica dos órgãos da Presidência da República e dos Ministérios [...]. Brasília: Presidência da República, [2019]. Disponível em: http://www.planalto.gov.br/ccivil_03/_Ato2019-2022/2019/Lei/L13844.htm. Acesso em 09 ago. 2019.
[123] CAIXA. Confira os últimos resultados. CEF. Disponível em: http://www. loterias. caixa.gov.br/wps/portal/loterias. Acesso em: 17 jun. 2019.

A Lei federal referida[124] expressou no artigo 84-B[125] a permissão às entidades privadas, sociedades cooperativas e organizações religiosas, que atendam às regras da lei federal específica, independentemente de certificação[126], para a captação de recursos através da exploração de "sorteios", seja por vale-brindes, concursos ou operações assemelhadas, desde que os recursos sirvam para a sua própria manutenção ou custeio.

---

[124] Cujo mérito do disposto no artigo 84-b e sua aplicação, não é matéria desta obra.

[125] BRASIL. **Lei nº 13.019 de 31 de julho de 2014.** Estabelece o regime jurídico das parcerias entre a administração pública e as organizações da sociedade civil, em regime de mútua cooperação, para a consecução de finalidades de interesse público e recíproco, mediante a execução de atividades ou de projetos previamente estabelecidos em planos de trabalho inseridos em termos de colaboração, em termos de fomento ou em acordos de cooperação; define diretrizes para a política de fomento, de colaboração e de cooperação com organizações da sociedade civil; e altera as Leis nºs 8.429, de 2 de junho de 1992, e 9.790, de 23 de março de 1999. [Redação dada pela Lei nº 13.204, de 2015]. Brasília: Presidência da República, [2019]. Disponível em: http://www.planalto.gov.br/CCIVIL_03/_Ato2011-2014/2014/Lei/L13019.htm. Acesso em: 25 jun. 2019: "Art. 84-B. As organizações da sociedade civil farão *jus* aos seguintes benefícios, independentemente de certificação: [...] II - distribuir ou prometer distribuir prêmios, mediante sorteios, vale-brindes, concursos ou operações assemelhadas, com o intuito de arrecadar recursos adicionais destinados à sua manutenção ou custeio."

[126] Rememore-se que a norma anterior, Lei nº 91 de 1935, conhecida como Lei da Utilidade Pública Federal, concedia as entidades o título de "utilidade pública federal" – UTF, tendo sido igualmente adotado pelos estados UTE (utilidade pública estadual) e pelos municípios UTM (utilidade pública municipal), servindo como requisito para não pagarem as contribuições à seguridade social e conquistarem doações de empresas privadas mediante benefício da renúncia fiscal; e, que as atividades do Terceiro Setor foram inovadas pela Lei nº 13.151/2015 (permitiu a remuneração de dirigentes) e pela Lei nº 13.019/2014 que disciplinou as parcerias entre os poderes públicos e as organizações da sociedade civil – OSC. Na prática, o título UTF, UTE ou UTM passou a ser mais uma honraria do que uma exigência, posto que desnecessários para celebração de parcerias. A OSC não mais necessita do título **ou certificação** para captar recursos, após o legislador ter inserido, no final do artigo 84-B: a expressão "independentemente de certificação". É certo que se referiu somente ao título ou certidão do poder público que lhe conferia a condição de entidade de "INTERESSE PÚBLICO", requisito dispensado pelo novo MROSC.

Referido dispositivo legal (art. 84-B, III), ao ver do autor, carece de boa regulamentação, ao ponto de ofertar plena segurança jurídica às empreitadas das Organizações da Sociedade Civil. Na hipótese, o Ministério da Economia, representado pelo órgão que trata das Loterias e Promoções Comerciais, atualmente denominado de SECAP orienta que, para essa finalidade, a entidade filantrópica, assim considerada nos termos da lei, deve buscar a autorização junto àquele órgão. É o que traz a orientação nº 23 em resposta à pergunta: "quem pode realizar sorteio filantrópico?", publicada na página do Ministério da Economia, destinada às orientações sobre "promoções comerciais"[127]

Portanto, tendo em vista a legalidade da captação dos recursos através dos sorteios e necessidade das Organizações da Sociedade Civil – OSC's – referidas, nada mais acertado que interpretar o texto da lei, conforme orientação do órgão responsável pela Regulamentação em âmbito nacional, evitando aventuras jurídicas causadoras de mal-estar e desvirtuamento da intenção do legislador quanto a atender às necessidades dos mais carentes.

5.4 Inovações tecnológicas da Loteria da União

Recentemente, a União criou a "Loteria *on line* da Caixa" (www.loteriasonline.caixa.gov.br), disponibilizando seus jogos em formato não físico.

Os benefícios que acompanham esta estratégia comercial, seja pelo baixo custo na distribuição, bem como pela desnecessidade de fazer a impressão e armazenamento dos bilhetes, sem falar na informação precisa quanto a quem, quando, quanto e onde está sendo feita a aposta, são evidentes.

O acerto da Loteria Federal (instituição), representada que é pelo banco do governo, Caixa Econômica Federal sob a fiscalização da SECAP[128], do Ministério da Fazenda (atual

---

[127] MINISTÉRIO DA FAZENDA. Disponível em: http://www.fazenda.gov.br/acesso-a-informacao/perguntas-frequentes/regulacao/promocoes-comerciais#Pergunta23). Acesso em: 18 ago. 2019.
[128] MINISTÉRIO DA FAZENDA. Secretaria de Avaliação de Políticas Públicas, Planejamento, Energia e Loteria - Secap. Disponível em https://

Ministério da Economia), ao intitular a novidade como Loteria *on line* da Caixa, evidencia-se no fato de que, a rigor teórico, não há "jogos *on line*".

Trata-se de determinados concursos de prognósticos/ jogos, disponibilizados em formato físico ou não físico, de tal forma que a oferta *online* nada mais é do que uma estratégia comercial para entregar o produto (bilhete para concorrer ao sorteio) em formato *online*, ou como prefere o autor, em formato não físico.

De partida, evidencia-se que a Loteria *online*, assim considerada aquela que disponibiliza seus produtos em formato não físico, através da *Internet* (rede mundial de computadores), é a alternativa que melhor atende ao princípio da eficiência, exigido pela Constituição Federal do Brasil.

Pode-se afirmar que a Loteria *on line*, deve ser a forma preferida pelo gestor público para exploração desse mercado, considerado pela lei como uma prestação de serviço (atípica), de tal forma que incumbe ao Poder Público, na forma da lei, diretamente ou sob regime de concessão ou permissão, sempre através de concorrência pública, a obrigação de manter a prestação de serviços públicos adequados, a teor do artigo 175, inc. IV, da Constituição Federal de 1988.

A assertiva acima tem fundamento, principalmente após a Emenda Constitucional nº 19, acrescida na Constituição Federal de 1988, que assim dispõe:

> Art. 37. A administração pública direta e indireta de qualquer dos Poderes da União, dos Estados, do Distrito Federal e dos Municípios obedecerá aos princípios de legalidade, impessoalidade, moralidade, publicidade e eficiência [...].[129]

Em razão do comando constitucional estampado no art. 175, a União editou a Lei Federal nº 8.987/1995, que

---

www.fazenda.gov.br/@@busca?SearchableText=secap. Acesso em: 18 ago. 2019.

[129] BRASIL. [Constituição (1988)]. **Constituição da República Federativa do Brasil de 1988.** Brasília, DF: Presidência da República [Atualizada até a EC nº 102/2019] Disponível em: https://www.planalto.gov.br/ccivil_03/constituicao/constituicao.htm. Acesso em: 25 out. 2019.

tratou do tema concessão e permissão da prestação de serviço público, obrigando a adoção de tal forma que sejam satisfeitas as condições de regularidade, continuidade, eficiência, segurança, atualidade, generalidade, cortesia na sua prestação e modicidade das tarifas.

Para boa compreensão da afirmativa, segue a parte da lei referida:

> Art. 6º. Toda concessão ou permissão pressupõe a prestação de serviço adequado ao pleno atendimento dos usuários, conforme estabelecido nesta Lei, nas normas pertinentes e no respectivo contrato.
>
> § 1º Serviço adequado é o que satisfaz as condições de regularidade, continuidade, eficiência, segurança, atualidade, generalidade, cortesia na sua prestação e modicidade das tarifas.
>
> § 2º A atualidade compreende a modernidade das técnicas, do equipamento e das instalações e a sua conservação, bem como a melhoria e expansão do serviço.
>
> [...]
>
> Art. 29. Incumbe ao poder concedente:
>
> I – regulamentar o serviço concedido e fiscalizar permanentemente a sua prestação;
>
> [...].
>
> X - estimular o aumento da qualidade, produtividade, preservação do meio-ambiente e conservação;
>
> XI - incentivar a competitividade; e[130]

Deve ser considerado que, explorada diretamente pelo ente estatal (modelo da Loteria do Piauí, até junho de 2017 ou a "raspadinha" do Rio de Janeiro durante período que compreendeu o ano de 2018) ou indiretamente pela iniciativa privada, como a distribuição dos produtos da Caixa, realizado pelos agentes lotéricos, o serviço público da Loteria deve ser sempre adequado, satisfazendo as condições de eficiência,

---

[130] BRASIL. **Lei nº 8.987 de 13 de fevereiro de 1995.** Dispõe sobre o regime de concessão e permissão da prestação de serviços públicos previsto no art. 175 da Constituição Federal, e dá outras providências. Brasília: Presidência da República, [2019]. Disponível em: http://www.planalto.gov.br/ccivil_03/LEIS/L8987cons.htm. Acesso em: 17 jun. 2019.

regularidade, continuidade e atualidade, compreendendo assim a modernidade de técnicas, do equipamento e das instalações, bem como a melhoria e a expansão dos serviços, conforme prevê o § 2º do artigo 6º da Lei de Concessões e Permissão da Prestação de Serviços Públicos.[131]

A premissa da Lei federal supra é de que o gestor da Loteria deve perseguir a modernidade para tornar eficiente a prestação do serviço e obter melhor resultado. Adota-se, para tal, a Teoria Evolutiva da Norma, conforme ensina Celso Ribeiro Bastos, amparado por Konrad Hesse, Felice Battaglia e Smend, resgatado por Péricles Prade em parecer encomendado pela ABLE, a propósito da atração da realidade temporal do momento da incidência da interpretação:

> [...] o desenvolvimento técnico da ciência em geral, com as repercussões que acarretam na vida do indivíduo em sociedade, e que a legislação muitas vezes não é capaz de acompanhar, acaba por propiciar um substrato favorável ao desenvolvimento da interpretação evolutiva. Esta forma de interpretação baseia-se na realidade para, a partir dela, mas sem se descurar dos limites normativos do texto legal, chegar a resultados mais satisfatórios do ponto de vista do nível evolutivo em que se encontra a sociedade [...].

Sob pena de não se ter um serviço moderno, eficiente e atualizado a teor da exigência da Lei Federal, a conclusão a que se chega facilmente, a partir das experiências internacionais e da experiência da LOTEPI[132], é de que a disponibilização dos "jogos" em formato não físico, utilizando a *Internet*[133] para sua comercialização é a forma mais adequada para proteger o "apostador". Seja para assegurar o pagamento do prêmio,

---

[131] BRASIL. **Lei nº 8.987 de 13 de fevereiro de 1995**. Dispõe sobre o regime de concessão e permissão da prestação de serviços públicos previsto no art. 175 da Constituição Federal, e dá outras providências. Brasília: Presidência da República, [2019]. Disponível em: http://www.planalto.gov.br/ccivil_03/LEIS/L8987cons.htm. Acesso em: 17 jun. 2019.
[132] Loteria do Estado do Piauí (LOTEPI).
[133] Local onde se localiza o conteúdo gráfico da Internet, ou seja, a *homepage*, segundo DINIZ, Maria Helena. **Dicionário Jurídico**. v 1. Saraiva, 2005. [amparado em Amaro Moraes e Silva Neto].

principalmente para prevenir a ludopatia e, eventualmente, responsabilizar os infratores[134].

Para ilustrar, registra-se que recentemente o Ministério Público do Piauí requereu à empresa que prestava o serviço tecnológico à Loteria daquele estado – LOTEPI, informações sobre determinada pessoa que podia ter feito alguma aposta nos produtos da Loteria. Por se tratar da primeira Loteria *on line* do Brasil[135], foi acionada a empresa prestadora e desenvolvedora da plataforma para o serviço, Vertical Tecnologia S. A. Após alguns instantes, o requerimento foi atendido e as informações sobre aquele cidadão (pelo número do CPF registrado quando da primeira aposta), quanto ao montante pago, frequência de apostas, eventuais prêmios e do local em que fez as apostas, foram disponibilizadas[136]. Demonstrou-se a eficiência do que o Governo do Piauí adotou com o nome de Loto Show[137].

Ora, foi uma experiência inédita no Brasil. É a única forma (talvez a mais eficiente delas) de obter essas informações, instantaneamente, e proteger de eventual compulsão pelo jogo, criar limites de apostas e ter informação célere de toda movimentação financeira, decorrente da operação lotérica.

A eficiência, aliada ao baixo custo da operação, torna a Loteria, mais do que nunca, uma fonte de receita imprescindível para os Governos Federal, estaduais e do Distrito Federal.

A rigor da lei, os estados e o Distrito Federal podem explorar as modalidades de loterias de prognósticos numéricos, loterias de prognósticos esportivos, passiva e a loteria instantânea, conforme conceitos acima expostos, com alterações apenas de "ordem mecânica ou linear"[138],

---

[134] No Brasil, a responsabilização por danos materiais e morais, em favor do ludopata, não é especificamente regulamentada.
[135] GOVERNO do Piauí lança 1ª loteria estadual virtual do Brasil. **Portal Costanorte.** Disponível em: https://portalcostanorte.com/governo-do-piaui-lanca-1a-loteria-estadual-virtual-do-brasil/. Acesso em: 20 ago. 2019.
[136] Informação concedida pela prestadora de serviços da LOTEPI, sem citar nome do cliente.
[137] Disponível em: https://www.gamesbras.com/temas/lotoshow-1197.html. Acesso em: 20 ago. 2019.
[138] Referência aos termos usados pelo Ministro Ayres Brito no STF, durante julgamento das Adin's das Loterias estaduais.

preferencialmente adotando métodos de aferição dos investimentos sociais dos referidos recursos, para justificar a sua existência e responder aos questionamentos dos órgãos de controle, a exemplo da "Social Solutions" para o projeto da Lotep.

Sem a pretensão de exaurir a matéria, o capítulo seguinte discorrerá sobre a disponibilização dos produtos da Loteria na *Internet*, o que podemos chamar de "Loteria *on line*" ou "*e-lottery*".

CAPÍTULO 6

LOTERIA *ON LINE* NO BRASIL

No capítulo anterior as considerações foram sobre a questão da tecnologia utilizada para oferecer ao apostador determinado produto da loteria - concurso de prognóstico, disponibilizando os bilhetes em formato físico e não físico. Em geral, no formato físico os bilhetes se apresentam previamente impressos por gráficas especializadas ou impressos no ato da aposta, com a utilização de um equipamento eletrônico individual, tipo "POS"[139] ou pontos de autoatendimento eletrônico, tipo os "*totens*" das agências bancárias ou lotéricas. Além destes, há o bilhete, como dito, não físico ou "*online*", em que é possível fazer uma aposta sem impressão em papel ou outra superfície palpável.

Trata-se da disponibilização dos concursos de prognósticos em formato não físico ou compreendido como loteria *online* (*e-lottery*). Neste ponto, prefiro não usar o termo virtual, evitando interpretações duvidosas quanto ao evento, que a meu ver, sempre é real, ou seja, acontece de fato.

A Loteria da União (instituição), representada que é pela Caixa Econômica Federal, tem adotado a estratégia comercial de disponibilização de seus produtos em formato "*online*", denominada "loterias *online* da Caixa". A modalidade permite que o apostador opte por ir, fisicamente, a uma agência lotérica, escolher, por exemplo, determinados números da "Mega Sena" e marcá-los com uma caneta, concluindo a aposta ao fazer o pagamento e entrega do bilhete ao atendente, que o

---

[139] *Point of sale* - ponto de venda.

registrará no sistema ou, simplesmente, utilizar de um dispositivo com tecnologia que acessa a rede mundial de computadores - internet. Por meio desta tecnologia - computador ou aplicativo, baixado num aparelho de telefonia celular -, ele poderá adentrar à página eletrônica/*site* e, após cumprir com as regras, realizar, em formato digital, a sua aposta no formulário do "jogo", disponibilizado a título de "Mega Sena", na versão impressa.

Tal dinâmica ocorria, antes da iniciativa da Loteria da União, na oferta da modalidade de aposta instantânea, disponibilizada pela Loteria Estadual do Piauí[140]. Lá, era possível adquirir um produto denominado de "raspe *show*" em formato não físico, que só era visualizado na tela do computador (ou aplicativo de celular). Nesse mesmo dispositivo era possível assistir aos sorteios, receber informação de resultado e controlar as apostas.

O sucesso da loteria *online* da Caixa, pode ser verificado no aumento exponencial da arrecadação nos quatro primeiros meses, desde a sua disponibilização na *Internet*, conforme tabela publicada pela instituição e ilustrada[141] a seguir:

---

[140] Loteria do Piauí (LOTEPI), atualmente suspensa por decisão do Governador do Estado.
[141] ALVARENGA, Darlan. Lançado há 4 meses, site da Caixa para apostas em loterias pela internet atinge 450 mil cadastros. G1. Disponível em: https://g1.globo.com/economia/noticia/2018/12/07/lancada-ha-4-meses-sistema-de-apostas-em-loterias-pela-internet-atinge-450-mil-cadastros.ghtml. Acesso em: 12 jun. 2019.

Esse tema remete ao Marco Regulatório da Internet no Brasil – MRI,[142] que estabeleceu conceitos fundamentais para a compreensão, com segurança jurídica, deste mercado "*online*", sendo indispensável uma breve abordagem.

Rememore-se que o artigo 5º do MRI, considerou **internet**, como sendo:

> [...] o sistema constituído do conjunto de protocolos lógicos, estruturado em escala mundial para uso público e irrestrito, com a finalidade de possibilitar a comunicação de dados entre terminais por meio de diferentes redes.[143]

Neste ponto, observam Marcio Eduardo Riego Cots e Ricardo Alexandre de Oliveira que:

> A sofisticação que a Internet possibilita atualmente, que varia desde a contratação de taxi até a realização de videoconferências, se deve à evolução dos dispositivos e da tecnologia neles utilizada, não ao tráfego de dados em si. Quanto mais se aprimora o processamento, a segurança e a tecnologia, mais se pode fazer com os dados transmitidos.[144]

É cediço que os negócios jurídicos realizados pela Internet se dão por meio de contratos eletrônicos:

> [...] isso porque a dinâmica da internet permite cada vez menos atrasos ou lentidão. Não faria sentido, diante de sua celeridade, fazer com que as partes produzissem e trocassem contratos físicos. Certamente isso seria o fim do comércio eletrônico, que muitas vezes conta com um "impulso" que não permaneceria presente se

---

[142] BRASIL. **Lei nº 12.965 de 23 de abril de 2014**. Estabelece princípios, garantias, direitos e deveres para o uso da Internet no Brasil. Brasília: Presidência da República, [2019]. Disponível em: http://www.planalto.gov.br/ccivil_03/_ato2011-2014/ 2014/lei/l12965.htm. Acesso em: 18 jun. 2019.

[143] Idem.

[144] Marcio Eduardo Riego Cots e Ricardo Alexandre de Oliveira, em parecer encomendado pela ABLE no ano de 2016,

fosse deparado com tanto trabalho para concretização da compra.[145]

Pois bem, sendo a internet um meio de comunicação de dados e os contratos eletrônicos reconhecidos pelo ordenamento jurídico, é fundamental para as Loterias estaduais e distrital, sob pena de infração à norma federal[146], assegurar que a oferta de seus "produtos"[147] não ultrapasse o limite territorial da Unidade Federativa.

O Código Civil Brasileiro normatiza esta questão quando, no art. 435, estabelece que "reputar-se-á celebrado o contrato no lugar em que foi proposto"[148].

Explica-se: O fato do produto ou serviço ser ofertado na Internet, ou seja, com alcance global, alteraria a letra do artigo 435 e modificaria o local de celebração do contrato? Tal questão foi respondida em parecer encomendado pela Associação Brasileira das Loterias Estaduais (ABLE), que adotamos para elucidar a questão:

> Para responder a esta pergunta podemos simplificar o exemplo: imagine-se uma pequena loja no interior de São Paulo que ganhou 30 segundos para fazer sua publicidade durante o intervalo do capítulo final de uma novela global

---

[145] COTS, Márcio Eduardo Riego; OLIVEIRA, Ricardo Alexandre de. Parecer sobre e-commerce e Loterias. **ABLE**. 23 maio 2016. Disponível em: https://www.able.org.br/noticias/parecer-sobre-e-commerce-e-loterias. Acesso em: 25 jun. 2019.

[146] Neste ponto, não nos referimos a contravenção penal, que só alcança a pessoa física, mas ao confronto com o limite de atuação regulado pelo seu limite geográfico das loterias estaduais, estabelecido no BRASIL. **Decreto-Lei nº 6.259 de 10 de fevereiro de 1944**. Dispõe sôbre o serviço de loterias, e dá outras providências. Brasília: Presidência da República, [2019]. Disponível em: http://www.planalto.gov.br/ccivil_03/decreto-lei/1937-1946/Del6259.htm. Acesso em: 4 jun. 2019.

[147] Neste ponto, há uma contradição revelada. Se de prestação de serviço atípica se trata a loteria, não poderia haver um produto. Usamos o termo com a compreensão de que trata do elemento indispensável para a prestação do serviço atípico, cujo objeto é arrecadar receita e/ou tributos para financiar a seguridade social.

[148] BRASIL. **Lei nº 10.406 de 10 de janeiro de 2002**. Institui o Código Civil. Brasília: Presidência da República, [2019]. Disponível em: http://www.planalto.gov.br/ccivil_03/leis/2002/l10406.htm. Acesso em: 18 jun. 2019.

(quando se sabe que a audiência costuma disparar). Tal loja não possui *site*, mas aceitará pedidos de todo o Brasil por meio de telefone e *chat*. Neste exemplo onde seria celebrado o contrato de compra e venda? Ora, onde ele está sendo proposto, ou seja, no interior paulista.

De igual forma a *Internet* poderia ser utilizada tanto como forma de expor publicidade quanto como ferramenta para efetivar as contratações.

Porém, como a Internet apenas comunica dados, não há que se falar em deslocamento nem do contratante nem do contratado, tratando-se de uma modalidade de contratação à distância.

Ora, se assim não fosse qual sentido teria o artigo 2º, inciso II, do Decreto nº 7.962/2013?

Se a própria legislação de proteção do consumidor admite a declaração do endereço físico pelo próprio fornecedor[149], sem maiores exigências, não caberia questionamento quanto à qual seria o local onde o contrato estaria sendo proposto.

'Art. 2º Os sítios eletrônicos ou demais meios eletrônicos utilizados para oferta ou conclusão de contrato de consumo devem disponibilizar, em local de destaque e de fácil visualização, as seguintes informações:
[...]
II - endereço físico e eletrônico, e demais informações necessárias para sua localização e contato;'
[...]
Vale a pena destacar que lugar de celebração do contrato difere do foro competente jurisdicional. A legislação que trata do foro competente é bastante ampla, permitindo, inclusive, que as partes elejam um foro de sua

---

[149] Encontramos a ideia de eleição também no BRASIL. **Lei nº 10.406 de 10 de janeiro de 2002.** Institui o Código Civil. Brasília, DF: Presidência da República [2019]. Disponível em: http://www.planalto.gov.br/ccivil_03/leis/2002/l10406.htm. Acesso em: 18 jun. 2019. "Art. 75. Quanto às pessoas jurídicas, o domicílio é: [...] IV - das demais pessoas jurídicas, o lugar onde funcionarem as respectivas diretorias e administrações, ou onde elegerem domicílio especial no seu estatuto ou atos constitutivos."

preferência para discussões judiciais. Já o lugar de celebração do contrato repercute em outras esferas, como a tributária, por exemplo, que se apega ao local para estabelecer quem será o órgão arrecadador.

[...]

Reforce-se: não podemos considerar, na contratação pela Internet, que houve deslocamento geográfico entre os contratantes. O que podemos considerar é que, assim como existem contratações por telefone ou por catálogos, a Internet serviria apenas como meio de transmissão dos dados necessários para se efetivar a contratação à distância."[150]

Portanto, evidencia-se a toda prova que o uso da Internet pelas Loterias, estaduais e federal, é uma ferramenta fundamental para boa gestão pública desse mercado, permitindo ao fisco saber da origem e destino dos recursos, criando mecanismos de controle fiscal e da saúde pública, no que se refere à ludopatia e aos investimentos sociais respectivos.

Em diversos países, com legislação madura, percebe-se que os "jogos de azar" disponibilizados em formato não físico, chamados popularmente de "jogos *online*" são mais eficientes, especialmente para o gestor público, do ponto de vista da fiscalização e controle, pelo uso da tecnologia moderna, atitude que no Brasil, conforme já demonstrado nos termos da Lei nº 8.987/1995, deve ser adotado pelas Loterias.

Desta forma, para aumentar a segurança, a regulamentação estadual e federal pode exigir o aproveitamento das redes estruturadas para tráfego dos dados pela *Internet*, hospedando em *data centers* seguros (ex. *Tier3* e *Tier4*), privados e replicados no *data center* do governo, adotando criptografia *Hasch*, selando a conjunção de dados sobre as apostas captadas no repositório de dados do órgão fiscalizador/controlador, antes de cada sorteio. Assim será possível impedir a sonegação, a fraude ou direcionamento de prêmio. Nestes casos, só nestes

---

[150] COTS, Márcio Eduardo Riego; OLIVEIRA, Ricardo Alexandre de. Parecer sobre e-commerce e Loterias. **ABLE**. 23 maio 2016. Disponível em: https://www.able.org.br/noticias/parecer-sobre-e-commerce-e-loterias. Acesso em: 25 jun. 2019.

casos, a fiscalização estadual e/ou federal pode, e deve, ser a guardiã desse *Hasch*, que nada mais é do que um selo imutável na preservação de dados antes de cada sorteio, procedimento que impede, de forma eficaz, a lavagem de dinheiro.[151]

Tal procedimento é simples e extremamente eficiente, já aplicado em algumas loterias em outros países e já desenvolvido por empresas brasileiras de tecnologia, o que se traduz num método eficiente, conhecido no mundo, para proteção da origem fiscal da receita e também do controle do pagamento do prêmio e da ludopatia.

Portanto, a disponibilização dos "jogos" das Loterias em formato não físico (loteria *online*) é, sem dúvida, a forma que melhor atende às exigências constitucionais quanto à eficiência, atualidade e modernidade, atribuídas à prestação de serviços públicos.

Quanto ao conceito de serviço público ou atividade econômica, para enquadramento do exercício desta atividade na legislação federal, remetemos ao próximo capítulo.

---

[151] Solução proposta pelo gestor da concessionária da Loteria do Piauí.

Capítulo 7

LOTERIA COMO SERVIÇO PÚBLICO

Apesar de ser confundida com um produto, a lei federal considera a Loteria um serviço público. Daí a necessidade de uma interpretação "híbrida" do assunto, conforme abordagem deste capítulo.

As Loterias, desde a primeira notícia pública conhecida no Brasil, no ano de 1742 (Vila Rica) ou do registro da criação da Loteria do Rio Grande do Sul em 1843, teve em comum uma motivação: financiar as ações de iniciativa dos poderes públicos e da sociedade, destinadas a assegurar os direitos relativos à saúde, à previdência e à assistência social.

7.1 Interesse público

A Loteria do Rio Grande do Sul financiava o hospital do exército e a Loteria de Vila Rica, em Minas Gerais foi criada para obter recursos para construir dois importantes prédios públicos.

A União mantém em seu site oficial, a afirmação de que "A exploração de loterias é admitida somente com a finalidade de constituir repasses de sua arrecadação para aplicação de recursos nas áreas sociais"[152], regra também adotada pelos entes federados.

A história prova que as Loterias sempre tiveram um objetivo nobre na sua criação e manutenção, o que as distingue

---

[152] MINISTÉRIO DA ECONOMIA [Fazenda]. Regulação de loterias e promoções comerciais. Disponível em: https://www.fazenda.gov.br/assuntos/loterias-e-promocoes-comerciais. Acesso em: 20 ago. 2019.

dos jogos de azar propriamente ditos - assim considerados aqueles em que, além do entretenimento proporcionado, o objetivo do negócio é o lucro, típico das atividades econômicas.

Alguns tratam a exploração comercial de modalidades lotéricas, como sendo uma forma de obter "imposto voluntário", mas prefiro entendê-la como uma "atividade estatal de fomento, para financiar a seguridade social"[153] e demais áreas de interesse social, inclusive a segurança pública, o desporto e a cultura.

A exploração de cassinos e bingos, com raras exceções (como os cassinos do estado[154] e bingos de comunidade ou chamados bingos de igreja), tem objetivos puramente privados, diferentemente das Loterias, que pela sua natureza, sempre têm objetivo ligado a investimento em demandas sociais de interesse público.

7.2 Loteria é serviço público

Necessário adotar para as loterias, o conceito de serviço público, conforme trata a majoritária doutrina, resgatando o estudo de lavra de Caio Tácito, para quem:

> É certo que a loteria instituída pela União, ou pelo Estado-membro, não tem a natureza essencial de um serviço público próprio, como prerrogativa inerente à atividade estatal. Trata-se do que a doutrina tradicional batiza de serviço público impróprio, fruto da lei que assim o qualifica.[155]

---

[153] BRASIL. [Constituição (1988)]. **Constituição da República Federativa do Brasil de 1988.** Brasília, DF: Presidência da República [Atualizada até a EC nº 102/2019] Disponível em: https://www.planalto.gov.br/ccivil_03/constituicao/constituicao.htm. Acesso em: 25 out. 2019, art. 194

[154] Cassinos de Monte Carlo/Mônaco [mantido pela *Société des bains de mer de Monaco*, uma instituição pública do governo monegasco e da família real de Grimaldi]. Disponível em: https://www.montecarlosbm.com/en/casino-monaco. Acesso em: 21 jun. 2019.

[155] TÁCITO, Caio. Loteria Estadual. Limites de Emissão de Bilhetes. Autonomia Estadual. **Revista de Direito Proc. Geral,** Rio de janeiro, 40 ed., 1988.

Não menos importantes são as considerações de Gustavo Henrique Justino de Oliveira, em estudo que se referiu às Loterias:

> Insta registrar que é a lei o instrumento que caracteriza, qualifica a atividade lotérica como um serviço público. A rigor, a atividade lotérica não configura uma 'atividade administrativa de prestação'. E se de prestação não se trata, o jogo lotérico explorado pelo Estado não gera diretamente a satisfação de necessidades da coletividade, ou seja, não há 'prestação ao público'. O que ocorre, a bem da verdade, é a obtenção de receitas, de recursos para o Tesouro e que são destinados a algumas áreas ou setores em que há a atuação do Estado, como vem a ser a assistência social ou mesmo o incentivo de atividades esportivas. A natureza jurídica da atividade lotérica seria, se previamente considerada uma atividade estatal, a de fomento, e não a de serviço público, por não estarem nela presentes as notas característica e definidoras do serviço público."[156]

Portanto, **loteria** é **serviço público**, a exemplo da Loteria do estado do Rio de Janeiro (LOTERJ), que é uma autarquia e tem a função de exercer a atividade que não é genuinamente pública, mas que tem interesse público, de tal forma que a exploração de concursos de prognósticos pela LOTERJ, que acontece há mais de 70 anos, é parte importante do orçamento para financiamento da seguridade social daquele estado.

A União tem papel fundamental na harmonização da legislação e fiscalização do exercício da exploração das atividades lotéricas pelos estados, nos limites de sua competência. Sobre esse tópico, remetemos ao capítulo seguinte.

---

[156] OLIVEIRA, Gustavo Henrique Justino de. Parcerias público-privadas nos serviços de loterias estaduais. A&C. **Revista de Direito Administrativo & Constitucional**, Belo Horizonte, v. 12, p. 175-192, 2003, p. 6.

Capítulo 8

COMPETÊNCIAS DA UNIÃO QUANTO ÀS LOTERIAS ESTADUAIS

Respeitados os limites ditados pela Constituição, a União tem papel fundamental para o equilíbrio do sistema lotérico brasileiro, constituído de 26 estados, o Distrito Federal e a própria União, que juntos formam a República Federativa do Brasil.

8.1 A exigência de ratificação da norma estadual

Rememore-se que os decretos federais que ratificavam a criação de Loteria dos estados da federação, foram revogados pelo Decreto de 25 de abril de 1991, revelando a total desconformidade daquela exigência de ratificação com o modelo federativo, inaugurado pela Carta de 1988.

A exigência de ratificação, disposta no Decreto-Lei n° 6.259 de 10 de fevereiro de 1944[157], é induvidosamente impertinente com a atual Carta Constitucional e confronta com os princípios da independência e autonomia, no que se refere a divisão de competências entre os entes federados.

Diogo Moreira Neto afirmava que o art. 3° do Decreto-lei n° 6.259, de 1944, quando exigia o chamado "decreto de ratificação federal" no que diz respeito às Loterias estaduais, "não encontrava respaldo na Constituição vigente de 1946,

---

[157] BRASIL. **Decreto Lei n° 6.259 de 10 de fevereiro de 1944.** Dispõe sôbre o serviço de loterias, e dá outras providências. Brasília: Presidência da República, [2019]. Disponível em: http://www. planalto.gov.br/ccivil_03/Decreto-Lei/1937-1946/Del6259.htm. Acesso em: 09 ago. 2019. Vide artigo 3°.

sendo considerado, pela doutrina, mera formalidade registrária"[158].

Para correta compreensão deste capítulo, é fundamental que a leitura do Decreto n° 6.259 de 1944, na parte que trata das competências da União para dispor sobre as Loterias estaduais, leve em consideração as alterações legislativas publicadas, atualizando o seu texto de acordo com o atual ordenamento jurídico que, por omissão do Poder Público Federal, continua desatualizada nos sites oficiais[159], conforme demonstrarei a seguir.

8.2 Competências da União

O ordenamento jurídico-constitucional anterior à Constituição Federal de 1988, atribuía à União a competência para tributar em 5% (cinco por cento), a título de imposto, a receita de cada emissão da Loteria estadual, além de fiscalizar e até impedir a sua comercialização na hipótese de descumprimento do artigo 13 do Decreto-Lei n° 6.259/1944.

A única previsão legal que outorgava poder de polícia para que Governo Federal pudesse impedir as extrações das Loterias estaduais era a contida no artigo 68, alínea "f" do Decreto-Lei n° 6.259/1944. Ocorre que, após a edição da Lei n° 8.522/1992, cujo artigo 1°, inc. VI, revogou o artigo 13 do Decreto-Lei n° 6.259/1944, o artigo 68, alínea "f" do referido Decreto-Lei perdeu totalmente a eficácia.

Explica-se: a única hipótese de impedimento da loteria de algum estado ou do DF pelo Governo Federal se verificava quando a Loteria respectiva não comprovava[160] o pagamento do

---

[158] MOREIRA NETO, Diogo. RDPGERJ 40/237 apud OLIVEIRA, Gustavo Henrique Justino de. **Parcerias público-privadas nos serviços de loterias estaduais**. Disponível em: http://universidadetuiuti.utp.br/Tuiuti cienciaecultura/ciclo_2/FCJ/FCJ%2030/PDF/art%204.pdf. Acesso em: 18 jun. 2019.
[159] BRASIL. **Decreto-Lei n° 6.259 de 10 de fevereiro de 1944**. Dispõe sôbre o serviço de loterias, e dá outras providências. Brasília: Presidência da República, [2019]. Disponível em: http://www.planalto.gov.br/ccivil_03/decreto-lei/1937-1946/Del6259.htm. Acesso em: 4 jun. 2019.
[160] Artigo 68, alínea f, do BRASIL. **Decreto-Lei n° 6.259 de 10 de fevereiro de 1944**. Dispõe sôbre o serviço de loterias, e dá outras providências. [Sic]. Brasília: Presidência da República, [2019]. Disponível em: http://www.

imposto de 5% (cinco por cento) à União[161]. Desta forma, inexistindo na legislação atual previsão no sentido de que os estados devam pagar tal tributo à União (hipótese expressamente revogada, além de vedada pela ordem constitucional), não há qualquer motivo amparado por alguma disposição legal que permita à União impedir a exploração de concursos de prognósticos ou "sorteios" pelas Loterias estaduais ou distrital, ressalvadas as hipóteses de ilegalidade, regularmente apuradas em ação judicial.

Portanto, no que se refere as Loterias dos Estados e do Distrito Federal, em respeito ao princípio da legalidade, não é mais atribuição do órgão competente da União ratificar, autorizar, suspender ou impedir o seu funcionamento. Suas atribuições, neste ponto, limitam-se a fiscalizar a territorialidade da exploração dos produtos pelas loterias estaduais e distrital, e a obstar a exploração de produtos estrangeiros, a título de apostas em modalidades lotéricas, sorteios ou concursos de prognósticos no território nacional[162]. Também lhes são atribuídas, aquelas ações previstas nos incisos I a XI do artigo 43 da Lei n° 9.003/2017[163], que muito embora tenha sido revogada pelo Decreto n° 9.679 de 2019 (este, revogado pelo Decreto 9.745/2019), não perdeu sua essência.

No mais, em homenagem ao artigo 34 da Constituição Federal de 1988, que proíbe a intervenção federal nos estados e no Distrito Federal, e ausente legislação federal que atribua

---

planalto.gov.br/ccivil_03/decreto-lei/1937-1946/Del6259.htm. Acesso em: 4 jun. 2019.

[161] Art. 13 do BRASIL. **Decreto-Lei n° 6.259 de 10 de fevereiro de 1944**. Dispõe sobre o serviço de loterias, e dá outras providências. [Sic]. Brasília: Presidência da República, [2019]. Disponível em: http://www.planalto. gov.br/ccivil_03/decreto-lei/1937-1946/Del6259.htm. Acesso em: 4 jun. 2019.

[162] Art. 46 do BRASIL. **Decreto-Lei n° 6.259 de 10 de fevereiro de 1944**. Dispõe sobre o serviço de loterias, e dá outras providências. Brasília: Presidência da República, [2019]. Disponível em: http://www.planalto. gov.br/ccivil_03/decreto-lei/1937-1946/Del6259.htm. Acesso em: 04 jun. 2019.

[163] BRASIL. **Lei n° 9.003 de 16 de março de 1995**. Dispõe sobre a reestruturação da Secretaria da Receita Federal, e dá outras providências. Brasília: Presidência da República, [2019]. Disponível em: http://www. planalto.gov.br/ccivil_03/ Leis/ L9003.htm. Acesso em: 18 jun. 2019.

poder de polícia ao Governo Federal para impedir a exploração/ extração de "sorteios" pelas Loterias estaduais, não há que se falar em subordinação ou hierarquia normativo-substancial entre estados e União, o que afastaria, até mesmo, eventual aplicação dos procedimentos administrativos previstos na Lei n° 9.784/1999[164].

O raciocínio é bastante simples: na vigência da atual Carta Constitucional, os entes federados não estão na condição de subordinados ou administrados da União, tornando inaplicável a referida norma federal para esse fim, bem como a pretensão de submeter os estados e o DF à condição hierarquicamente inferior, dependente e sem autonomia.

Conforme o texto constitucional, "no âmbito da legislação concorrente, a competência da União limitar-se-á a estabelecer normas gerais"[165], evidenciando que as competências da União e Estados são ditadas somente pela Constituição da República, a qual ainda previu que "são reservadas aos Estados as competências que não lhes sejam vedadas por esta Constituição"[166]. Importante ressaltar que, "como é fácil perceber, a lógica constitucional para a distribuição de competência na matéria funda-se no princípio da eficiência"[167].

De seu turno, o poder de polícia deve estar previsto em lei para que possa ser regularmente exercido. Tanto é assim

---

[164] BRASIL. **Lei n° 9.784 de 29 de janeiro de 2019**. Regula o processo administrativo no âmbito da Administração Pública Federal. Brasília: Presidência da República, [2019]. Disponível em: http://www.planalto.gov.br/ccivil_03/Leis/L9784.htm. Acesso em: 18 jun. 2019.
[165] Art. 24, §1º da BRASIL. [Constituição (1988)]. **Constituição da República Federativa do Brasil de 1988**. Brasília, DF: Presidência da República [Atualizada até a EC n° 102/2019] Disponível em: https://www.planalto.gov.br/ccivil_03/constituicao/constituicao.htm. Acesso em: 25 out. 2019.
[166] Art.25, § 1º BRASIL. [Constituição (1988)]. **Constituição da República Federativa do Brasil de 1988**. Brasília, DF: Presidência da República [Atualizada até a EC n° 102/2019] Disponível em: https://www.planalto.gov.br/ccivil_03/constituicao/constituicao.htm. Acesso em: 25 out. 2019.
[167] BARROSO, Luís Roberto. Saneamento básico: competências constitucionais da União, Estados e Municípios. 2002. Disponível em: https://www2.senado.leg.br/bdsf/bitstream/handle/id/762/R153-19.pdf?sequence=4. Acesso em: 21 jun. 2019.

que a Advocacia-Geral do Estado de Minas Gerais, por seus procuradores do Estado[168], manifestou-se pela total impertinência da atuação do SEAE/MF em face da Loteria estadual, concluindo que "tal pretensão, dado seu caráter punitivo, está totalmente destituída de qualquer efeito prático, pois desamparada do comando legal indispensável à sua legitimação"[169]. O Decreto-lei nº 6.259 de 1944, conquanto de duvidosa constitucionalidade em matéria fiscalizatória, foi apontado, mas nada autoriza neste sentido.

Neste passo, observando atentamente a Nota Técnica do SEAE/MF, emitida em 2 de junho de 2017, mais precisamente a alínea c) da NT nº 068/2017/COGPS/SUFIL/SEAE/MF (parágrafo 2.4), ao alegar que [...] o art. 27, inciso XII, "i", 7, da Lei nº 10.683/2003, combinado com o artigo 29, inciso V, do anexo I do Decreto nº 7.482/2011, impõe que:

> [...] os planos de exploração e extração das loterias estaduais também estejam sujeitas a autorização, porque tais planos são etapas necessárias à conclusão do procedimento lotérico e como tal também estão sujeitos à autorização e fiscalização da SEAE, haja vista ser imprescindível atestar a sua conformidade com a Lei [...].[170]

---

[168] Procuradores do estado de MG, Drs. Rafael Rezende Faria, Ana Paula Muggler Rodarte e Sergio Pessoa de Paula Castro.
[169] MINAS GERAIS. Advocacia Geral do Estado. AGE/MG. Processo administrativo nº SEAE/MF 18101.000102/2017-17. Jul. 2017.
[170] BRASIL. **Decreto nº 7.482 de 16 de março de 2011** [Revogado pelo Decreto nº 9.003 de 13 de março de 2017, que foi revogado pelo Decreto nº 9.679, de 2 de janeiro de 2019, atualmente revogado pelo Decreto nº 9.745, de 8 de abril de 2019]. Aprova a Estrutura Regimental e o Quadro Demonstrativo dos Cargos em Comissão e das Funções de Confiança do Ministério da Economia, remaneja cargos em comissão e funções de confiança, transforma cargos em comissão e funções de confiança e substitui cargos em comissão do Grupo-Direção e Assessoramento Superiores - DAS por Funções Comissionadas do Poder Executivo - FCPE. Brasília: Presidência da República, [2019]. Disponível em: http://www.planalto.gov.br/ccivil_03/_Ato2019-2022/2019/Decreto/D9745.htm#art13 Acesso em: 18 jun. 2019.

Percebe-se que referida norma, combinada ou não, foi totalmente revogada pela Medida Provisória n° 782/2017[171] e pelo Decreto n° 9.003/2017.[172] Assim, absolutamente descontextualizada a posição que sustentava entendimento contrário ao esposado neste capítulo.

Igualmente descontextualizado e desatualizado o fundamento invocado no Parecer PGFN/CJU/COJPN n° 708/2012, que, por sua vez, resgata o Decreto n° 7.482 de 2011 (artigo 29, inciso V, do anexo I) como sendo o fundamento a lhe atribuir a competência de órgão fiscalizador das atividades lotéricas estaduais. Eis que tal dispositivo legal perdeu totalmente sua eficácia ao ser revogado pelo Decreto n° 9003/2017, cujo sucedâneo não manteve tal atribuição, e nem poderia, por ser matéria (distribuição de competência entre União e Estados-Membros) afastada daquelas tratadas em mero Decreto do Poder Executivo.

Repete-se, agora como conclusão, que a "competência para legislar inovadoramente é da União". Contudo, instituído, ou autorizado que seja um determinado jogo pela pessoa jurídica central da Federação (ainda que por lei ordinária, tão-somente), qualquer das duas unidades estatais periféricas (Estado-membro ou Distrito Federal), pode concorrer com ela, União Federal. Pode, no território de cada qual delas, competir com o Governo Central pela preferência dos apostadores. Desde que se utilize das mesmíssimas normas federais de regência do tema, com adaptações apenas de ordem mecânica ou linear; isto é, adaptações ditadas pelas naturais diferenças de

---

[171] Convertida na Lei n° 13.502, de 2007, atualmente revogada pela BRASIL. **Lei n° 13.844, de 18 de junho de 2019.** Estabelece a organização básica dos órgãos da Presidência da República e dos Ministérios [...]. Brasília: Presidência da República, [2019]. Disponível em: http://www.planalto. gov.br/ccivil_03/ _Ato2019-2022/2019/Lei/L13844.htm. Acesso em 09 ago. 2019.
[172] BRASIL. **Lei n° 9.003 de 16 de março de 1995.** Dispõe sobre a reestruturação da Secretaria da Receita Federal, e dá outras providências. Brasília: Presidência da República, [2019]. Disponível em: http://www. planalto.gov.br/ccivil_03/Leis/ L9003.htm. Acesso em: 18 jun. 2019.

organização administrativa de cada uma dessas pessoas federadas periféricas"[173].

8.3 Regularidade da exploração do serviço de loteria

Assim, absolutamente regular a exploração dos serviços de Loterias pelos estados-membros e pelo Distrito Federal, tomando-se como paradigma a legislação federal de regência, nos termos acima explanados.

Quanto aos estados-membros que, antes ou depois do Decreto-Lei n° 204/1967, não criaram sua loteria estadual:

> [...] está facultado, no gozo de sua autonomia e por força do princípio de auto-organização, criar uma loteria ainda inexistente [...], e com [...] a mesma liberdade abre-lhe caminho para ampliar os serviços lotéricos existentes, sem subordinar-se à camisa-de-força a que a norma federal pretende submetê-los, limitando as condições de exploração, notadamente a quantidade de bilhetes emitidos. O *plus* em si mesmo contém o *minus*. A mesma liberdade que lhes permite abandonar o nada, criando loteria nova, garante-lhes fugir do congelamento, ampliando os serviços já explorados. [...].[174]

Em manifestação citada da União, representada pela Procuradoria Geral da Fazenda Nacional (PGFN), foi sustentado que não há impedimento para os estados e o Distrito federal explorarem as mesmas modalidades de concursos através das Loterias respectivas, limitadas ao existente na data da entrada em vigor do Decreto n° 204/1967. Tal entendimento é inconcebível pelo Estado Democrático de Direito, estampado no princípio federativo, norma pétrea da nossa República que sequer pode ser revogada por emenda constitucional. Tal assertiva é facilmente verificada com base no fato de que, além

---

[173] BRASIL. Supremo Tribunal Federal. **ADI n° 2847/DF**. Relator: Ministro Carlos Veloso. Brasília, DF, 5 de agosto de 2004. Disponível em: http://redir.stf.jus.br/paginadorpub/paginador.jsp?docTP=AC&docID=26 6940. Acesso em: 17 jun. 2019. [Voto do ministro Carlos Ayres Britto]
[174] TÁCITO, Caio. Loteria Estadual. Limites de Emissão de Bilhetes. Autonomia Estadual. **Revista de Direito Proc. Geral**. Rio de janeiro, ed. 40, 1988.

do exposto nos capítulos anteriores, na prática, referida interpretação da PGFN criaria desigualdade entre as unidades da federação, permitindo apenas àquelas que instituíram a Loteria antes do famigerado Decreto nº 204/1967 e proibindo as demais. Vejamos: a título de exemplo, os atuais estados do Amapá, Roraima e Acre, no ano de 1967 ainda não haviam criado suas Loterias, portanto, não tinham qualquer produto sendo explorado, de tal forma que não há como demonstrar o "mesmo jogo e a mesma quantidade de bilhetes" que era explorada até a vigência plena do Decreto-Lei nº 6.259/1944[175], criando uma interpretação absurda relativa às competências dos entes federados.

8.4 Síntese conclusiva

A título de remate, portanto, pode ser erigida a seguinte síntese:

(1) a Loteria é uma instituição pública que administra a exploração de concursos de prognósticos ou modalidades lotéricas, com expressa previsão constitucional;

(2) **Loteria** não é, semântica e juridicamente, **jogo**;

(3) o novo pacto federativo inaugurado pela Constituição Federal de 1988 fortaleceu consideravelmente as Loterias estaduais, sendo desnecessária a sua ratificação por decreto federal;

(4) a União detém competência legiferante exclusiva[176] sobre a matéria[177], servindo sempre a lei federal de paradigma para os entes federados explorarem as modalidades lotéricas ou "sorteios", por intermédio de suas respectivas Loterias;

---

[175] Revogado em parte pelo BRASIL. **Decreto nº 204 de 27 de fevereiro de 1967**. Dispõe sôbre a exploração de loterias e dá outras providências. Brasília: Presidência da República, [2019]. Disponível em: http://www.planalto.gov.br/ccivil_03/Decreto-Lei/1965-1988/Del0204.htm. Acesso em: 18 jun. 2019.
[176] Nota: adotando o entendimento majoritário do STF, discordado pelo autor.
[177] Sorteios, do artigo 22, inc. XX da BRASIL. [Constituição (1988)]. **Constituição da República Federativa do Brasil de 1988**. Brasília, DF: Presidência da República [Atualizada até a EC nº 102/2019] Disponível em: https://www.planalto.gov.br/ccivil_03/constituicao/constituicao.htm. Acesso em: 25 out. 2019.

(5) a legislação trata a loteria como um serviço público, distinguindo-a de atividade econômica, de modo que não há que se falar em monopólio da União Federal;

(6) não é mais atribuição da União suspender ou mesmo impedir a exploração de loterias estaduais, porque após a edição da Lei n° 8.522/1992, cujo artigo 1°, inc. VI, revogou o artigo 13 do Decreto-Lei n° 6.259/1944, o artigo 68, alínea "f", do referido Decreto-Lei perdeu totalmente a eficácia;

(7) ficou reservado à União a competência fiscalizatória quanto à territorialidade e, principalmente a missão de "elaboração e gestão das políticas de regulação de mercados, de concorrência e de defesa da ordem econômica, de forma a promover a eficiência econômica dos mercados produtores e consumidores, a melhoria do bem-estar do consumidor e o desenvolvimento econômico"[178], com a modernidade que a Lei de Concessões de Serviços Públicos exige.

---

[178] Nota: o texto refere-se ao Relatório de Gestão do ano de 2009, da antiga SEAE/MF, sucedida pela SEFEL/MF, que atualmente denomina-se de SECAP/ME, encontrado no item 1.2. Disponível em: http://fazenda.gov.br /acesso-a-informacao/auditorias/secretaria-de-acompanhamento-economico -seae/relatorio-de-gestao2009.pdf. Acesso em: 07 nov. 2019.

REFERÊNCIAS

ACRE. **Lei nº 41, de 18 de novembro de 1965.** Cria o Serviço de Loteria do Estado do Acre e dá outras providências. Assembleia Legislativa do Estado do Acre. Disponível em: http://www.al.ac.leg.br/leis/wp-content/uploads/2014/08/Lei41. pdf. Acesso em: 18 ago. 2019.

ALAGOAS. **Lei nº 4.493/1983.** Assembleia Legislativa do Estado de Alagoas. Disponível em: https://www.al.al.leg.br/leis/legislacao-estadual. Acesso em: 18 ago. 2019.

ALVARENGA, Darlan. Lançado há 4 meses, site da Caixa para apostas em loterias pela internet atinge 450 mil cadastros. G1. Disponível em: https://g1.globo.com/economia/noticia/2018/12/07/lancada-ha-4-meses-sistema-de-apostas-em-loterias-pela-internet-atinge-450-mil-cadastros.ghtml. Acesso em: 12 jun. 2019.

AMAPÁ. **Lei nº 53/1992.** Assembleia Legislativa do Estado do Amapá. Disponível em: http://www.al.ap.gov.br/pagina.php?pg=exibir_processo&iddocumento=16607. Acesso em: 18 ago. 2019.

AMAZONAS. **Lei nº 119 de 30 de dezembro de 1955.** Disponível em: https://sapl.al.am.leg.br/media/sapl/public/normajuridica/2003/7268/7268_texto_integral.pdf [O site do Governo do Amazonas mantem publicada a Lei nº 2.813 de 18 de julho de 2003, em cujo texto encontramos a referência à Lei nº 119 do ano de 1955]. Acesso em: 18 ago. 2019.

ANDREAS, Krell. **Discricionariedade administrativa e proteção ambiental.** Porto Alegre: Livraria do Advogado, 2004.

APARECIDA, Regiane. História das Loterias no Brasil. **Infoescola.** Disponível em: https://www.infoescola.com/historia/historia-das-loterias-no-brasil/. Acesso em 14 jun. 2019.

ATALIBA, Geraldo. Possibilidade jurídica da exploração de loterias pelos Estados federados. **Revista de Direito Público**, n. 78, 1985, p. 80-93

BAHIA. **Lei nº 1.951 de 16 de setembro de 1963.** Leis Estaduais da Bahia. Disponível em: http://leisestaduais. com.br/ba/lei-ordinaria-n-1951-1963-bahia-dispoe-sobre-a-loteria-estadual-da-bahia-e-da-outras-providencias. Acesso em: 18 ago. 2019.

BARROSO, Luís Roberto. Saneamento básico: competências constitucionais da União, Estados e Municípios. 2002. Disponível em:

https://www2.senado.leg.br/bdsf/bitstream/handle/id/762/R153-19.pdf?sequence=4. Acesso em: 21 jun. 2019.

BNL. Notícia. 14 de set. 2012. Disponível em: http://www.bnldata.com.br/blogPost.aspx?cod=19251. Acesso em: 25 jun. 2019.

BRASIL. **Ato Institucional n° 4 de 7 de dezembro de 1966**. Convoca o Congresso Nacional para se reunir extraordináriamente, de 12 de dezembro de 1966 a 24 de janeiro de 1967, para discursão [sic], votação e promulgação do projeto de Constituição apresentado pelo Presidente da República, e dá outras providências. [Sic]. Brasília: Presidência da República, [2019]. Disponível em: http://www.planalto.gov.br /ccivil_03/AIT/ait-04-66.htm. Acesso em: 4 jun. 2019.

BRASIL. [Constituição (1988)]. **Constituição da República Federativa do Brasil de 1988**. Brasília, DF: Presidência da República [Atualizada até a EC n° 102/2019]. Disponível em: https://www.planalto.gov.br/ccivil_03/constituicao/constituicao.htm. Acesso em: 25 out. 2019.

BRASIL. **Decreto n° 357, de 27 de abril de 1844**. Brasília: Presidência da República, [2019]. Disponível em: http://legis.senado.leg.br/legislacao/PublicacaoSigen.action?id=387220&tipoDocumento=DEC-n&tipoTexto=PUB. Acesso em: 6 jun. 2019.

BRASIL. **Decreto n° 3.048 de 06 de maio de 1999**. Aprova o Regulamento da Previdência Social, e dá outras providências. Brasília: Presidência da República, [2019]. Disponível em: http://www.planalto.gov.br/ ccivil_03/decreto/d3048.htm. Acesso em: 16 jun. 2019. Grifamos.

BRASIL. **Decreto n° 7.482 de 16 de março de 2011**. Aprova a Estrutura Regimental e o Quadro Demonstrativo dos Cargos em Comissão e das Funções de Confiança do Ministério da Economia, remaneja cargos em comissão e funções de confiança, transforma cargos em comissão e funções de confiança e substitui cargos em comissão do Grupo-Direção e Assessoramento Superiores - DAS por Funções Comissionadas do Poder Executivo - FCPE. Brasília: Presidência da República, [2019]. Disponível em: http://www.planalto.gov.br/ccivil_03/_Ato2019-2022/2019/Decreto/D 9745.htm#art13 Acesso em: 18 jun. 2019.

BRASIL. **Decreto-Lei n° 204 de 27 de fevereiro de 1967**. Dispõe sobre a exploração de loterias e dá outras providências. [sic]. Brasília: Presidência da República, [2019]. Disponível em: http://www.planalto.gov.br/ccivil _03/decreto-lei/1965-988/del0204.htm. Acesso em: 4 jun. 2019.

BRASIL. **Decreto-Lei n° 3.688 de 3 de outubro de 1941**. Lei das Contravenções Penais. Brasília: Presidência da República, [2019]. Disponível em: http://www.planalto. gov.br/ccivil_ 03/decreto-lei/del3688.htm. Acesso em: 14 jun. 2019.

BRASIL. **Decreto-Lei n° 6.259 de 10 de fevereiro de 1944**. Dispõe sobre o serviço de loterias, e dá outras providências. [Sic]. Brasília: Presidência da República, [2019]. Disponível em: http://www.planalto.

gov.br/ccivil_03/decreto-lei/1937-1946/Del6259.htm. Acesso em: 4 jun. 2019.

BRASIL. **Lei nº 8.212, de 24 de julho de 1991.** Dispõe sobre a organização da Seguridade Social, institui Plano de Custeio, e dá outras providências. Brasília: Presidência da República, [2019]. Disponível em: http://www.planalto.gov.br/ ccivil_03/leis/l8212cons.htm. Acesso em: 14 jun. 2019.

BRASIL. **Lei nº 8.672 de 8 de julho de 1993.** Institui normas gerais sobre desportos e dá outras providências. [Lei Zico]. Brasília: Presidência da República, [2019]. Disponível em: http://www.planalto.gov.br/ccivil_03/leis/L8672.htm. Acesso em: 17 jun. 2019.

BRASIL. **Lei nº 8.987 de 13 de fevereiro de 1995.** Dispõe sobre o regime de concessão e permissão da prestação de serviços públicos previsto no art. 175 da Constituição Federal, e dá outras providências. Brasília: Presidência da República, [2019]. Disponível em: http://www.planalto.gov.br/ccivil_ 03/LEIS/L8987cons.htm. Acesso em: 17 jun. 2019.

BRASIL. **Lei nº 9.003 de 16 de março de 1995.** Dispõe sobre a reestruturação da Secretaria da Receita Federal, e dá outras providências. Brasília: Presidência da República, [2019]. Disponível em: http://www. planalto.gov.br/ccivil_03/ Leis/L9003.htm. Acesso em: 18 jun. 2019.

BRASIL. **Lei nº 9.615 de 24 de março de 1998.** Institui normas gerais sobre desporto e dá outras providências. Brasília: Presidência da República, [2019]. Disponível em: http://www. planalto.gov.br/ccivil_ 03/leis/l9615consol. htm. Acesso em: 17 jun. 2019.

BRASIL. **Lei nº 9.981 de 14 de julho de 2000.** Altera dispositivos da Lei nº 9.615, de 24 de março de 1998, e dá outras providências. Brasília: Presidência da República, [2019]. Disponível em: http://www.planalto. gov.br/ccivil_03/Leis/ L9981.htm. Acesso em: 17 jun. 2019.

BRASIL. **Lei nº 10.406 de 10 de janeiro de 2002.** Institui o Código Civil. Brasília: Presidência da República, [2019]. Disponível em: http://www. planalto.gov.br/ccivil_03/leis/2002/l10406. htm. Acesso em: 18 jun. 2019.

BRASIL. **Lei nº 11.417 de 19 de dezembro de 2006.** Regulamenta o art. 103-A da Constituição Federal e altera a Lei nº 9.784, de 29 de janeiro de 1999, disciplinando a edição, a revisão e o cancelamento de enunciado de súmula vinculante pelo Supremo Tribunal Federal, e dá outras providências. Brasília: Presidência da República, [2019]. Disponível em: http://www.planalto.gov.br/ccivil_03/_ato2004-2006/2006/lei/l11417. htm. Acesso em: 14 jun. 2019.

BRASIL. **Lei nº 12.965 de 23 de abril de 2014.** Estabelece princípios, garantias, direitos e deveres para o uso da Internet no Brasil. Brasília: Presidência da República, [2019]. Disponível em: http://www.planalto. gov.br/ccivil_03/_ato2011-2014/ 2014/lei/l12965.htm. Acesso em: 18 jun. 2019.

BRASIL. **Lei nº 13.019 de 31 de julho de 2014.** Estabelece o regime jurídico das parcerias entre a administração pública e as organizações da sociedade civil, em regime de mútua cooperação, para a consecução de finalidades de interesse público e recíproco, mediante a execução de atividades ou de projetos previamente estabelecidos em planos de trabalho inseridos em termos de colaboração, em termos de fomento ou em acordos de cooperação; define diretrizes para a política de fomento, de colaboração e de cooperação com organizações da sociedade civil; e altera as Leis n°s 8.429, de 2 de junho de 1992, e 9.790, de 23 de março de 1999. [Redação dada pela Lei nº 13.204, de 2015]. Brasília: Presidência da República, [2019]. Disponível em: http://www.planalto.gov.br/ccivil_03/_ato2011-2014/2014/lei/l13019.htm. Acesso em: 08 ago. 2019.

BRASIL. **Lei nº 13.177 de 22 de outubro de 2015.** Altera a Lei nº 12.869, de 15 de outubro de 2013, acerca do regime de permissão de serviços públicos. Brasília: Presidência da República, [2019]. Disponível em: http://www.planalto.gov.br/ccivil _03/_Ato2015-2018/2015/Lei/L13177.htm. Acesso em: 09 ago. 2019;

BRASIL. **Lei nº 13.756 de 12 de dezembro de 2018.** Dispõe sobre o Fundo Nacional de Segurança Pública (FNSP), sobre a destinação do produto da arrecadação das loterias e sobre a promoção comercial e a modalidade lotérica, denominada aposta de quota fixa [...]. Brasília: Presidência da República, [2019]. Disponível em: http://www. planalto.gov.br/ccivil_03/_ato2015-2018/2018/Lei/L13756 .htm. Acesso em: 09 ago. 2019

BRASIL. **Lei nº 13.844, de 18 de junho de 2019.** Estabelece a organização básica dos órgãos da Presidência da República e dos Ministérios [...]. Brasília: Presidência da República, [2019]. Disponível em: http://www. planalto.gov.br/ ccivil_03/_Ato2019-2022/2019/Lei/L13844.htm. Acesso em 09 ago. 2019.

BRASIL. **Medida Provisória nº 2.216 de 31 de agosto de 2001.** Altera dispositivos da Lei nº 9.649, de 27 de maio de 1998 que dispõe sobre a organização da Presidência da República e dos Ministérios, e dá outras providências. Brasília: Presidência da República, [2019]. Disponível em: http://www.planalto.gov.br/ccivil_ 03/mpv/2216-37.htm. Acesso em: 17 jun. 2019.

BRASIL. Supremo Tribunal Federal. **ADI nº 2.690.** Julgada procedente, declarando inconstitucional referida norma estadual. Brasília: Presidência da República, [2019]. Disponível em: http://portal.stf.jus.br/processos/detalhe.asp?incidente =2031932. Acesso em: 18 ago. 2019.

BRASIL. Supremo Tribunal Federal. **ADI nº 2847/DF.** Relator: Ministro Carlos Veloso. Brasília, DF, 5 de agosto de 2004. Disponível em: http://redir.stf.jus.br/paginadorpub/paginador.jsp?docTP=AC&docID= 266940. Acesso em: 17 jun. 2019.

BRASIL. Supremo Tribunal Federal. **ADI nº 2995-9/PE.** Relator: Ministro Celso de Mello. Brasília, DF, 13 de dezembro de 2006. Disponível em:

http://redir.stf.jus.br/paginadorpub/paginador.jsp?docTP=AC&docID=48 8652. Acesso em: 17 jun. 2019.

BRASIL. Supremo Tribunal Federal. **ADI nº 2996/SC**. Relator: Ministro Sepúlveda Pertence. Brasília, 10 de agosto de 2006. Disponível em: http://portal.stf.jus.br/processos/detalhe.asp? incidente=2168477. Acesso em: 17 jun. 2019 e outras.

BRASIL. Supremo Tribunal Federal. **ADI nº 3147**. Relator: Relator: Min. Ayres Britto. [Autos juntados nas informações do Governador] Acesso em: 18 ago. 2019.

BRASIL. Supremo Tribunal Federal. **ADPF nº 128**. Relator: Min. Cézar Peluso. Disponível em: http://portal.stf.jus.br/processos/detalhe.asp?incidente=2632714. Acesso em: 17. jun. 2019. Grifou-se.

BRASIL. Supremo Tribunal Federal. **ADPF nº 147**. Relatora: Min. Cármen Lúcia. Disponível em: http://portal.stf.jus.br/processos/ detalhe.asp?incidente=2632714. Acesso em: 17 jun. 2019.

BRASIL. Supremo Tribunal Federal. **Reclamação nº 5.716**. Min. Celso de Mello. Disponível em: http://portal.stf.jus.br/processos/ detalhe.asp?incidente=2582329. Acesso em: 17 jun. 2019. [em trâmite].

BRASIL. Supremo Tribunal Federal. **Súmula nº 2**. É inconstitucional a lei ou ato normativo Estadual ou Distrital que disponha sobre sistemas de consórcios e sorteios, inclusive bingos e loterias. Disponível em: http://www.stf.jus.br/portal/jurisprudência/menuSumario.asp?sumula=11 88. Acesso em: 4 jun. 2019.

CAIO TÁCITO, Mário. Loteria Estadual. Limites de Emissão de Bilhetes. Autonomia Estadual. **Revista de Direito Proc. Geral**, Rio de janeiro, ed. 40, 1988.

CAIXA ECONÔMICA FEDERAL. **Circular nº 471 de 5 de maio de 2009**. Regulamentação das Permissões Lotéricas. CEF. Disponível em: www1.caixa.gov.br%2flotericos%2f_arquivos%2fcircular%2fCIRCULAR_ CAIXA%2520471_05MAI2009.doc. Acesso em: 09 ago. 2019.

CAIXA. Confira os últimos resultados. CEF. Disponível em: http://www. loterias. caixa.gov.br/wps/portal/loterias. Acesso em: 17 jun. 2019.

CASSINOS de Monte Carlo/Mônaco [mantido pela *Société des bains de mer de Monaco*, uma instituição pública do governo monegasco e da família real de Grimaldi]. Disponível em: https://www.montecarlosbm.com/en/casino-monaco. Acesso em: 21 jun. 2019.

CEARÁ. **Lei nº 52 de 7 de novembro de 1947**. Disponível em: http://www.lotece.com.br/v2/?page_id=2. Acesso em: 18 ago. 2019.

CERNICCHIARO, Luiz Vicente. Parecer para o Estado de Minas 28 de agosto de 2000.

CONDÉ, Valeria Gil. **A Produtividade do Sufixo - Eria na Língua Portuguesa do Brasil**. Tese de Doutorado em Letras (Letras Clássicas). Universidade de São Paulo, Brasil (2003).

COTS, Márcio Eduardo Riego; OLIVEIRA, Ricardo Alexandre de. Parecer sobre e-commerce e Loterias. ABLE. 23 maio 2016. Disponível em: https://www.able.org.br/noticias/parecer-sobre-e-commerce-e-loterias. Acesso em: 25 jun. 2019.

DESDE Brizola, pagamento do funcionalismo preocupava governo gaúcho. **Almanaque gauchazh**. 16 jan. 2019. Disponível em https://gauchazh.clicrbs.com.br/cultura-e-lazer/almanaque/noticia/2019/01/desde-brizola-pagamento-do-funcionalismo-preocupava-governo-gaucho-cjqzqnncx014s01pkvwnmfktp.html. Acesso em: 4 jun. 2019.

DINIZ, Maria Helena. **Dicionário Jurídico**. v 1. Saraiva, 2005.

DISTRITO FEDERAL. **Lei n° 1.176 de 29 de julho de 1996**. Institui e regulamenta a Loteria Social do Distrito Federal. Câmara Legislativa do Distrito Federal. Disponível em: http://legislacao.cl.df.gov.br/Legislacao/consultaTextoLeiParaNormaJuridicaNJUR-22541!buscarTextoLeiParaNormaJuridicaNJUR.action. Acesso em: 18 ago. 2019.

ESPÍRITO SANTO. **Lei n° 1.928 de 2 de janeiro de 1964**. Assembleia Legislativa do Estado do Espírito Santo. Disponível em: http://www3.al.es.gov.br/legislacao/norma.aspx?id=6802&termo=loteria. Acesso em: 18 ago. 2019.

GAMES on-line podem virar modalidade olímpica em Paris 2024. **Revista Época Negócio**, 22.08.2017. Disponível em: https://epocanegocios.globo.com/Tecnologia/noticia/2017/08/games-line-podem-virar-modalidade-olimpica-em-paris-2024.html. Acesso em: 14 jun. 2019.

GOIÁS. **Lei n° 566 de 13 de novembro de 1951**. Cria o serviço de loteria do Estado de Goiás e dá outras providências. Assembleia Legislativa do Estado de Goiás. Disponível em: https://portal.al.go.leg.br. Acesso em: 18 ago. 2019.

HORN, Paulo. Jogos de azar [origem da palavra]. Rio de Janeiro, 25 jul. 2017. Disponível em: https://origemdapalavra. com.br/palavras/loteria/. Acesso em: 4 jun. 2019.

HUBERT, P. **O problema do jogo**: o tratamento da dependência invisível dos videojogos à mesa de cassino. Lisboa: Plátano Editora, 2016.

MARANHÃO. **Lei n° 2.327/1963**. Assembleia Legislativa do Estado do Maranhão. Disponível em: http://arquivos.al.ma.leg.br:8080/ged/legislacao/LEI_2370. Acesso em: 18 ago. 2019.

MATO GROSSO. **Lei n° 363 de 28 de dezembro de 1953**. Institui o serviço de Loteria do Estado De Mato Grosso. Assembleia Legislativa do Estado do Mato Grosso. Disponível em: https://www.al.mt.gov.br/ legislacao/16291/visualizar. Acesso em: 18 ago. 2019.

MATO GROSSO DO SUL. **Lei nº 511 de 7 de dezembro de 1984**. Dispõe sobre a criação da Loteria Estadual de Mato Grosso do Sul. Assembleia Legislativa do Estado do Mato Grosso do Sul. Disponível: http:// aacpda ppls.net.ms.gov.br/appls/legislacao/secoge/govato.nsf/1b758e65922af3e9 04256b220050342a/bf89db1b4968a2a604256e450002e90f?OpenDocument&Highlight=2,loteria. Acesso em: 18 ago. 2019.

MELO, Oswaldo Trigueiro de Albuquerque. Loteria estadual. **Revista de Direito Público**, n. 76, 1985, p. 38-39.

MINAS GERAIS. Advocacia Geral do Estado. AGE/MG. Processo administrativo nº SEAE/MF 18101.000102/2017-17. Jul. 2017.

MINAS GERAIS. **Decreto-Lei nº 165 de 10 de janeiro de 1939**. Institui a Loteria do Estado de Minas Gerais. **Loteria Mineira**. Disponível em: http://www.loteriademinas.com.br/images/stories/dmdocuments/procedimento%20manifestacao.pdf. Acesso em: 18 ago. 2019.

MINISTÉRIO DA ECONOMIA [Fazenda]. Regulação de loterias e promoções comerciais. Disponível em: http://www.fazenda.gov.br/assuntos/loterias-e-promocoes-comerciais. Acesso em: 17 jun. 2019.

MINISTÉRIO DA FAZENDA. Disponível em: http://www.fazenda.gov.br/acesso-a-informacao/perguntas-frequentes/regulacao/promocoes-comerciais#Pergunta23). Acesso em: 18 ago. 2019.

MINISTÉRIO DA FAZENDA. Secretaria de Avaliação de Políticas Públicas, Planejamento, Energia e Loteria - Secap. Disponível em https://www.fazenda.gov.br/@@busca?SearchableText=secap. Acesso em: 18 ago. 2019.

MORAES, Alexandre de. **Constituição do Brasil Interpretada**. 4 ed. São Paulo: Atlas, 2004.

OLIVEIRA, Gustavo Henrique Justino de. Parcerias público-privadas nos serviços de loterias estaduais. A&C. **Revista de Direito Administrativo & Constitucional**, Belo Horizonte, v. 12, p. 175-192, 2003.

PARÁ. **Decreto-Lei nº 5.148, de 23 de agosto de 1946**. Banco de leis. Disponível em: http://bancodeleis.alepa.pa.gov.br:8080/arquivos/ lei4603 _1975_12117.pdf. Acesso em: 07 ago. 2019.

PARAÍBA. **Lei nº 1.192, de 2 de abril de 1955**. Lotep. Disponível em: http://lotep.pb.gov.br/menu-principal/institucional Acesso em: 18 ago. 2019.

PARANÁ. **Lei nº 2.964/1956**. Assembleia Legislativa do Estado do Paraná. Disponível em: http://portal.assembleia.pr.leg.br/index.php/pesquisa-legislativa/proposição. Acesso em: 18 ago. 2019.

PRADE, Péricles. Parecer. Parecer acerca dos efeitos decorrentes da procedência da ação direta de inconstitucionalidade nº 296 [...]. 13 de dezembro de 2006.

RIO DE JANEIRO. **Decreto-Lei n° 138 de 23 de junho de 1975.** Dispõe sobre a loteria do estado do Rio de Janeiro - LOTERJ. [Sucessora da loteria do estado da Guanabara de 1940]. Disponível em: www.multirio.rio.gov.br. Acesso em: 14 jun. 2019.

RIO GRANDE DO SUL. **Decreto-Lei n° 1.350 de 1947.** Disponível em: https://www.fazenda.rs.gov.br/conteudo/1404/lotergs-na-internet. Acesso em: 18 ago. 2019.

RONDÔNIA. **Lei n° 121 de 21 de julho de 1986.** Autoriza o Poder Executivo a criar a Loteria Estadual de Rondônia. **Assembleia Legislativa de Rondônia.** Disponível em: https://sapl.al.ro.leg.br/norma/pesquisar. Acesso em: 18 ago. 2019.

SANTA CATARINA. **Lei n° 3.812 de 3 de março de 1966.** Cria a Superintendência Lotérica do Estado de Santa Catarina - LOTESC e dá outras providências. Disponível em: http://leis.alesc.sc.gov.br/html/1966/3812_1966_lei.html. Acesso em: 18 ago. 2019.

SANTANDER, Nelson Luis; SORMANI, Alexandre. **Súmula Vinculante:** um estudo à luz da Emenda Constitucional 45, Juruá, 2006, p. 121.

SÃO PAULO. **Decreto n° 10.120 de 14 de abril de 1939.** Dispõe sobre o serviço de loterias do Estado. Disponível em: https://www.al. sp.gov.br/norma/125455. Acesso em: 18 ago. 2019.

SERGIPE. **Lei n° 1.387 de 27 de maio de 1966.** Cria Loteria e dá outras providências. Assembleia Legislativa do Sergipe. Disponível em: https://al.se.leg.br/Legislacao/Ordinaria/1966/O13871966.pdf. Acesso em: 18 ago. 2019.

SILVA, De Plácido. **Vocabulário Jurídico.** 16. Ed. Rio de Janeiro: Forense, 1999.

SUPREMO TRIBUNAL FEDERAL. **Regimento interno** [atualizado até out. 2018]. Disponível em: http://www.stf.jus. br/arquivo/cms/legislação RegimentoInterno/anexo/RISTF.pdf. Acesso em: 14 jun. 2019.

SUSTENTAÇÃO Oral. STF. ADVBrasil. Fernandes. **Youtube.** Disponível em: https://www.youtube.com/watch?v=zqqZWltqg&t =64s. Acesso em: 17 jun. 2019.

TÁCITO, Caio. Loteria Estadual. Limites de Emissão de Bilhetes. Autonomia Estadual. **Revista de Direito Proc. Geral,** Rio de janeiro, 40 ed., 1988.

TOCANTINS. **Lei n° 66 de 25 de julho de 1989.** Cria a Superintendência Lotérica do Estado do Tocantins - LOTINS e dá outras providências. Disponível em: https://www.al.to.leg.br/ arquivos/6326.pdf. Acesso em: 18 ago. 2019.

ÍNDICE REMISSIVO ALFABÉTICO

ABLE
amicus curiae - STF, 39
Acre
Lei estadual nº 41/1965 - criação da loteria, 26
ADI nº 2847
bingo, 38
estados podem explorar - com adaptações, 63
estados podem explorar modalidades - com adaptações, 93
Lei máxima não reserva serviço de loterias expressamente à União,, 50
Lei não reserva monopólio à União, 50
loteria não é monopólio, 47
União não detém monopólio, 48
ADI nº 2995
loterias estaduais - preservação, 50
novos produtos - loteria de Pernambuco, 39
ADI nº 2996
CF não prevê monopólio da União, 49
DL 204/1967, 39
efeito *ex nunc*, 61
Santa Catarina - loteria anterior ao DL204/1967, 38
ADI nº 3060
efeito *ex nunc*, 61
ADI nº 3277
Paraíba - loteria criada antes do DL 204/1967, 40
ADPF nº 128
regime de exploração das loterias, 42
Súmula Vinculante 2, 41
ADPF nº 147
Súmula Vinculante 2, 41
Água
competência legiferante exclusiva da União, 46
competência para explorar - municípios/estados, 46
Alagoas
Lei estadual nº 4.493/1983 - criação da loteria, 26
Amapá
Lei estadual nº 53/1992 - criação da loteria, 26
Amazonas
Lei estadual nº 119/1955 - criação da loteria, 27

Aposta(s)
conceito, 19, 30
esportiva - Lei nº 13.756/2018, 63
não física - loteria *on line*, 76
possibilidade de escolha, 31
tipos, 31
verbo, 31
Apostador
preferência - estados e União podem concorrer, 40
sempre ganha - loteria, 30
Associação Brasileira das Loterias Estaduais. *ver ABLE*
Bahia
Lei estadual nº 1.951/1963 - criação da loteria, 27
Bilhete(s)
circulação interestadual - contravenção, 36
formato físico - fornecimento, 75
formato não físico - fornecimento, 75
para concorrer ao sorteio - produto, 69
Bingo(s)
excluído ordenamento jurídico federal, 59
exploração - leis estaduais inconstitucionais, 38
objetivo privado, 84
presunção de constitucionalidade, 61
Carta(s)
ferramenta do sorteio, 22
Cartão
raspável - loteria instantânea, 64
Cartela
loteria instantânea, 64
Cassino(s)
objetivo privado, 84
Ceará
Lei estadual nº 52/1947 - criação da loteria, 27
Circular nº 471/2009/CEF
regulamentação das permissões lotéricas, 64, 65, 101
Circular nº 678/2015
loto, loteca e lotogol, 63
Código Civil Brasileiro. *vide Lei nº 10.406/2002*
Competência
concorrente, comum - loterias, 52
legiferante - exclusividade da União não veda exploração pelos estados, 46
legiferante e de exploração, 46
legislar adaptando - Estados tem, 92
legislar concorrentemente - União e Estados, 92
legislar inovadoramente - União, 92

DIREITO DAS LOTERIAS NO BRASIL   107

legislativa e administrativa, 47
legislativa e administrativa - distinção, 47
Conceito
aposta, 19, 30
concurso, 32
concurso de prognóstico, 37
hasch:, 81
jogo, 17, 19
loteria, 18
loteria de prognóstico específica, 65
loteria de prognóstico esportivo -, 65
loteria de prognóstico numérico -, 65
loteria de prognósticos esportivos, 64
loteria estadual, 33
Loteria Federal -, 65
loteria instantânea, 64, 65
loterias de prognósticos numéricos, 64
prêmio, 32
seguridade social, 35
serviço público, 83
serviço público, 84
serviço público adequado, 70
sorteio, 20, 21
sorteio - equívoco - STF, 61
Concessionário(s)
loterias – requisitos, 36
Concurso(s)
de prognóstico - conceito - Decreto n° 3.048/1999, 37
de prognóstico - defesa da ABLE no STF, 41
de prognóstico - esportivos, 63
de prognóstico - o que é - CF/1988, 32
de prognóstico - participação exige aposta, 19
de prognóstico - receita da seguridade social, 37
de prognóstico numérico - o que é - CF/1988, 32
de prognóstico(s) - exploração – previsão constitucional, 13
de prognóstico(s) - exploração não é monopólio da União, 14
de prognóstico(s) - formato *online*, 75
de prognóstico(s) - não é sorteio - equívoco, 13
de prognósticos - abrangência, 37
de prognósticos – administração - loteria, 94
de prognósticos – exploração – CF/1988, 35
de prognósticos – fiscalização, 89
de prognósticos - inexiste monopólio, 55
de prognósticos – mercado - conformação, 36
de prognósticos – modalidades, 63
de prognósticos – numéricos – bingo, 58
de prognósticos – União não pode impedir, 89

o que é – conceito jurídico, 32
Constituição Federal/1967
Loterias - não previu exclusividade da União, 51
Constituição Federal/1988
art. 103-A - regulamentação - Lei n° 11.417/2006, 20
art. 175 - regulamentação - Lei n° 8.987/1995, 70
art. 175, IV, 69
art. 177 - monopólio da União, 51
art. 177 – regra do livre comércio, 45
art. 18 - permite aos Estados legislarem sobre organização administrativa afeta às loterias, 53
art. 19, inc. III e 5°, caput - veda tratamento discriminatório entre estados, 55
art. 195, inc. III, 17, 32
art. 195, inc. III - captação de recursos, 35, 37
art. 21, XI e XII, 46
art. 22 - interpretação do STF, 45
art. 22, inc. XX, 17, 20, 22
art. 22, inc. XX - equívoco interpretativo, 40
art. 22, XX - competência da União não é exclusiva, 49
art. 25 - permite aos Estados legislarem sobre organização administrativa afeta às loterias, 53
art. 34 – intervenção federal – proibição, 89
art. 37, 69
art. 84, inc. IV, 37
atividade – energia elétrica, 18
autonomia dos Estados, 54
autonomia dos estados - restrição, 49
exploração de loterias, 38
Loterias - não previu exclusividade da União, 51
loterias estaduais são compatíveis - requisitos, 43
não proíbe estados de atualizar a exploração - loterias, 50
não restringe à União exploração de loterias, 52
novo pacto federativo não admite subordinação doe estados, 90
pacto federativo, 94
princípio da eficiência - loteria online atende, 69
recursos – Seguridade Social, 35
veda estados legislarem sobre sorteios, 50
Contrato(s)
eletrônicos – loterias estaduais – limite territorial, 78
lugar proposto – celebração, 78
Contravenção penal
fazer circular bilhete de loteria extraterritório legal, 36
Criptografia
Hasch, 80
Cupom
loteria instantânea, 64

Data-center
segurança – loterias, 80
Decreto
de ratificação federal - formalidade registrária, 87
Decreto nº 357/1844
Loteria da Corte, 25
Decreto nº 3.048/1999
possibilita exploração de concurso de prognóstico, 38
Decreto nº 6.187/2007
Timemania, 64
Decreto nº 66.118/1970
loteria esportiva, 63
Decreto-Lei nº 204/1967
art. 1º e 32, 41
criação das loterias estaduais, 60
Estados podem criar novas loterias, 93
exploração de loterias, 52
exploração lotérica permitida, 93
exploração de loteria - exclusividade da União - inconstitucionalidade, 51
loterias criadas anteriormente, 40
ressalva do STF para continuidade da exploração de jogos pelos estados, 38
qualifica loteria como serviço público, 52
Decreto-Lei nº 594/1969
loteria esportiva, 63
loto, loteca e lotogol, 63
Decreto-Lei nº 3.688/1941
loteria sinônimo de jogo de azar - erro, 19
Decreto-Lei nº 6.259/1944
fiscalização da territorialidade – União, 88
impertinente com a CF/1988, 87
loteria – execução territorial, 35
loteria sinônimo de jogo de azar - erro, 19
necessidade de atualização, 88
perdeu totalmente a eficácia, 88
permite estados legislarem, excepcionalmente, sobre sorteios, 51
ressalva do STF, 38
Dia de sorte
produto lotérico explorado pela União – CEF, 66
Direito penal
proibição da exploração de loterias, 52
Distrito Federal
Lei distrital nº 1.176/1996 - criação da loteria, 27

Dupla Sena
loteria de prognóstico numérico, 64
produto lotérico explorado pela União - CEF, 66
Efeito *ex-nunc*
ADI n° 3060, 61
Eficiência
fornecimento de informações - loteria online, 72
Esfera(s)
ferramenta do sorteio, 22
Espiríto Santo
Lei estadual n° 1.928/1964 - criação da loteria, 27
Estados
e União podem concorrer - preferência do apostador, 40
Exploração
água - estados - competência legiferante exclusiva da União, 46
loterias - estados - competência legiferante exclusiva da União, 46
transporte - estados - competência legiferante exclusiva da União, 46
Federal loteca
produto lotérico explorado pela União - CEF, 66
Ferramenta(s)
de sorteio, 21
Formalidade
registrária – decretos de ratificação federl, 88
Funcionamento
das loterias estaduais - SV n° 2 não é obstáculo, 41
Goiás
Lei estadual n° 566/1951 - criação da loteria, 27
Hasch
conceito, 81
Importância
econômica - loterias, 30
Imposto(s)
voluntário - loteria, 84
Insegurança jurídica
loterias, 14
Internet
fundamental – boa gestão das loterais, 80
Jogador
proteção - jogo não físico, 71
Jogo(s)
autorizado por lei federal - exploração - SV n° 2 não afasta competência dos estados, 61
conceito, 19
de azar - o que é, 23
de azar - on line - fiscalização facilitada, 80

de azar e loteria - distinção, 23
exploração pelos estados - ressalva do STF, 38
exploração por entes federados - restrições, 55
formato não físico - eficiência, 71
Lei estadual nº 73/1947
Pernambuco - validade - Recl. 5.716, 42
Lei nº 6.717/1979
loteria de números, 63
Lei nº 8.212/1991
art. 26, 37
Lei nº 8.987/1995
art. 6º, 70
concessão e permissão, 69
Lei nº 9.003/2017
art. 43, inc. I a X, 89
Lei nº 9.981/2000
bingo - permissão, 60
Lei nº 10.406/2002
art. 75, 79
Código Civil veda repristinação, 61
Código Civil, art. 435, 78
Lei nº 11.345/2006
loto, loteca e lotogol, 63
Lei nº 11.417/2006
fundamento do PAD - SV nº 2, 20
Lei nº 12.965/2014
MRI, 77
Lei nº 13.019/2015
distribuição de prêmios, 32
Lei nº 13.155/2015
lotex, 63
Lei no 13.756/2018
alteração - Decreto 3.048/99, 38
apostas esportivas, 63
Livre comércio
exploração de mercado - loterias, 45
Loteca
loteria de prognóstico esportivo, 64
produto lotérico explorado pela União - CEF, 66
regulamentação, 63
Loteria(s)
análise etimológica, 17
apostador sempre ganha, 30
atividade estatal de fomento para financiar a seguridade social, 84
competência exclusiva da União - equívoco hermeneutico, 20
competência legiferante exclusiva da União, 46

Loteria(s)
competência para explorar - municípios/estados, 46
conceito, 18
concessionário – requisitos, 36
confusão histórica, 18
criação - Brasil, 23
de prognóstico específica - conceito, 65
de prognóstico esportivo - conceito, 65
de prognóstico numérico - conceito, 65
de prognósticos esportivos - conceito, 64
de prognósticos numéricos - conceito, 64
de Vila Rica, 23
designa o lugar do "jogo", 18
é instituição, 18
é instituição pública, 94
é serviço público, 51
é serviço público emnão há monopólio da União, 95
espécie de sorteio - equívoco, 21
estaduais - criação - tabela, 26
estaduais – funcionamento - SV nº 2 não é obstáculo, 41
estaduais - instituição poder/dever, 45
estadual - conceito, 33
estadual – hipótese de impedimento pela União –, 88
estadual – lei estadual – restauração
    eficacial, 61
estadual - regulamentação, 25
estadual - Rio Grande do Sul - mais antiga do Brasil, 24
estadual - tributação -- 5%, 88
exploração - fonte de financiamento da Seguridade Social, 14
exploração - restrição é inconstitucional, 51
exploração - vedação ao tratamento diferenciado entre estados, 55
exploração de mercado - livre comércio, 45
exploração não é monopólio da União, 52
exploração por Estados e DF é regular, 93
Federal – conceito, 65
federal - da Corte, 25
Federal - fiscalizada pela SEFEL, 68
Federal - representada pela CEF, 68
importância econômica, 30
imposto voluntário, 84
instantânea - conceito, 64, 65
jogo/*gambling*, 26
leis estaduais – presunção de constitucionalidade, 57
modalidades, 65
modalidades autorizadas - Ministério da Economia, 64
motivação, 83
não é atividade econômica, 51
não é jogo, 14, 94

DIREITO DAS LOTERIAS NO BRASIL 113

Loteria(s)
não é jogo e nem concurso de prognóstico, 17
objetivo – bem comum, 30
objetivo nobre, 83
on line - prestação de serviço atípica, 69
on line da Caixa - aposta - aplicativo, 75
on line da Caixa - sucesso, 76
online - fornecimento de informações - MP/PI, 72
online da Caixa - benefícios, 68
online da Caixa - produto lotérico explorado pela União - CEF, 68
passiva - conceito, 64
prestação de egistr - deve ser eficiente, 71
produtos - requisitos para exploração pelos estados, 63
produtos explorados pela União, 66
Rio Grande do Sul - 1843, 83
sem contravenção, 23
sem objetivo de lucro privado, 23
serviço público, 84
serviço público - não exclusivo da União, 52
serviço público deve ser adequado, 70
Vila Rica - 1742, 83
LOTERJ
autarquia - exerce atividade lotérica, 85
Loto
regulamentação, 63
Lotofácil
loteria de prognóstico numérico, 64
produto lotérico explorado pela União - CEF, 66
Lotogol
loteria de prognóstico esportivo, 64
produto lotérico explorado pela União - CEF, 66
produto lotérico explorado pela União - CEF, 66
regulamentação, 63
Lotomania
produto lotérico explorado pela União - CEF, 66
Ludopata. *Ver Ludopatia*
Ludopatia
controle, 81
portador - danos morais e materiais. *Ver Ludopatia*
prevenção - jogo online, 72
Maranhão
Lei estadual nº 2.327/1963 - criação da loteria, 27
Marco Regulatório
da Internet no Brasil, 77
Lei nº 12.965/2014, 77

Marco Regulatório das Organizações da Sociedade Civil. ver MROSC
Mato Grosso
 Lei estadual n° 363/1953 - criação da loteria, 27
Mato Grosso do Sul
 Lei estadual n° 511/1984 - criação da loteria, 28
Medida Provisória n° 782/2017
 fiscalização das loterias, 92
Mega-Sena
 loteria de prognóstico numérico, 64
Minas Gerais
 Decreto-Lei estadual n° 165/1939 - criação da loteria, 28
Ministério Público
 PI - requisição de informações - loteria online, 72
Modalidade(s)
 de loterias, 65
 loterias autorizadas, 64
Monopólio
 da União - exploração de loterias - SV 2, 41
 exclusivo da União – explorar loterias - inexiste - STF, 47
 legiferante da União - sorteios, 45
 virtual, 51
MROSC
 exploração de sorteios permitida, 66
 sorteios - quem pode explorar, 67
Nota Técnica do SEAE/MF/2017
 descontextualizadorico, 91
Novo pacto federativo
 fortaleceu loterias estaduais, 94
Nulidade
 da Edição da Sumula Vinculante, 40
Pará
 Decreto-Lei estadual n° 5.148/1946 - criação da loteria, 28
Paraíba
 Lei estadual n° 1.192/1955 - criação da loteria, 28
Paraná
 Lei estadual n° 2.964/1956 - criação da loteria, 28
Parecer PGFN/CJU/COJPN n. 708/2012
 descontextualizado, 92
Pernambuco
 legislação antrior ao DL2014/1967, 39
 Lei estadual n° 73/1947 - criação da loteria, 28
 suspensão da loteria - decisão suspensa pelo STF, 42
 suspensão da loteria - STF, 42

DIREITO DAS LOTERIAS NO BRASIL 115

PGFN
  não há impedimento à exploração de modalidades existentes - inconcebível, 93
Piauí
  Lei estadual nº 1825/1947 - criação da loteria, 28
  raspe show, 76
Poder de polícia
  exercício exige previsão legal, 90
  União, 88
Preferência
  dos apostadores - União e Estados podem concorrer, 40
Prêmio(s)
  conceito, 32
  distriuição - Lei nº 13202/2015, 32
Princípio(s)
  da não discriminação entre participantes de concorrência pública, 54
  do pacto federativo, 55
  federativo, 93
  isonomia – PF e PJ, 54
  isonomia federativa, 54
Processo administrativo
  origem da SV nº 2 - nulidade, 20
Produto(s)
  lotérico União, 66
  para concorrer ao sorteio - bilhete, 69
Quina
  loteria de prognóstico numérico, 64
  produto lotérico explorado pela União - CEF, 66
Raspe show
  loteria on line – Piauí, 76
Recurso(s)
  de origem não tributária - captação, 35
  financeiro - não tributários - competência concorrente, 52
  para financiar a Seguridade Social, 35
Repristinação
  vedada pelo Código Civil, 61
Requisito(s)
  exploração de produtos lotéricos - estados, 63
Restauração
  eficacial – leis estaduais – loteria estadual, 61
Rio de Janeiro
  Lei estadual nº 138/1975 - criação da loteria, 29
  loteria - exploração - constitucionalidade, 51
Rio Grande do Norte
  Lei estadual nº 8.118/2002 - criação da loteria, 29

Rio Grande do Sul
Decreto-Lei estadual nº 1.350/1947 - criação da loteria, 29
Rondônia
Lei estadual nº 121/1986 - criação da loteria, 29
Santa Catarina
ADI2996, 38
legislação anterior ao DL2014/1967, 39
Lei estadual nº 3.812/1966 - criação da loteria, 29
São Paulo
Decreto estadual nº 10.120/1939 - criação da loteria, 29
SEAE/MF
fiscalização impertinente - AGEMG, 91
Segurança
loteria - data-center, 80
Seguridade Social
conceito, 35
recursos da loteria - apostador sempre ganha, 30
Sergipe
Lei estadual nº 1, 30
Serviço
público - adequado - conceito, 70
público - conceito, 83
público - condições - Lei 8.987/1995, 70
público - loteria - deve ser adequado, 70
público - poder concendente - competências - art. 29 - Lei 8.987/1995, 70
Sistema
randômico - ferramenta do sorteio, 22
Sorteio(s)
carta - ferramenta, 22
conceito – entendimento do STF - efeitos, 61
conceito - erro de interpretação do STF, 20
dado - ferramenta, 21
distribuição de processo, 23
é dinâmica para obtenção de resultado, 21
é verbo, 21
esfera - ferramenta, 22
esferas numeradas - ferramenta, 22
ferramentas, 21
gênero - para esse livro, 23
inexiste monopólio - exploração, 55
manutenção ou custeio - MROSC, 67
monopólio legiferante da União, 45
pode usar ferramentas diversas, 21
processo - dicionário, 21
sistema randômico - ferramenta, 22

termo restringe-se a jogos de azar, 22
Súmula Vinculante nº 2
   cabe à União legislar privativamente sobre loterias, 57
   caracterização da atividade − bingo e loteria, 41
   competência legiferante privativa da União, 41
   edição, 57
   edição - nulidade, 40
   não afasta competência dos estados − exploração de jogos, 61
   não criou obstáculo ao funcionamento das loterias estaduais, 41
   origem - processo administrativo nulo, 20
   regime de exploração de loteraias - não define, 41
   sorteio - gênero - erro, 20
Supremo Tribunal Federal
   ADI 2996, 61
   ADPF 128, 41
   ADPF 147, 41, 101
   conceito de sorteio - entendimento - efeitos, 61
   interpretação do termo sorteio, 22
   leis estaduais - loterias, 38
   não obsta funcionamento de loterias estaduais − SV 2, 41
   Pernambuco - Lei 73/1947 - ADI 2995, 39
   preferência entre entes federativos − vedação, 54
   Regimento interno, 23
   Súmula vinculante nº 2, 13, 19, 20, 38, 39, 40, 42, 43, 47, 48, 49, 50, 60, 63, 93, 101
   Súmula vinculante nº 2 − edição, 57
   SV nº 2 − competência legiferante dos estados − loterias, 53
Tecnologia
   jogos *on line* - vantagens, 81
Teoria Evolutiva da Norma
   eficiência na prestação do serviço - loteria, 71
Territorialidade
   da exploração - fiscalização - União, 89
Timemania
   produto lotérico explorado pela União - CEF, 66
   regulamentação, 64
Tocantins
   Lei estadual nº 66/1989 - criação da loteria, 30
Transporte
   competência legiferante exclusiva da União, 46
   competência para explorar - municípios/estados, 46
União
   competência fiscalizatória, 95
   competência legiferante exclusiva, 94
   competência para legislar inovadoramente, 40
   e estados - concorrência pela preferência do apostador, 40
   estabelece os paradigmas, 94

União
fiscaliza atividades lotéricas, 85
não tem monopólio da exploração de loterias, 41
poder de polícia, 88
suspender/impedir a exploração de Loterias estaduais não é atribuição, 95

Vedação
preferência entre entes federativos, 54

Esta obra foi composta em fonte *Goudy Old Style*, capa cartão supremo 300g, miolo em papel AP 63g.
Belo Horizonte/MG, 2020.